U0716709

传记馆

HEMINGWAY

流动的圣节

［美］欧内斯特·海明威 ｜著

孙 强 ｜译

浙江出版联合集团

浙江文艺出版社

假如

你有幸在巴黎度过青年时代

那么

在此后的生涯中，无论走到哪里

巴黎都会在你心中

因为

巴黎是一个流动的圣节

欧内斯特·海明威

赠友人　1950年

中译本前言

海明威在《流动的圣节》一书的引言中写道："假如你有幸在巴黎度过青年时代，那么，在此后的生涯中，无论走到哪里，巴黎都会在你心中，因为，巴黎是一个流动的圣节。"这也许是赞美巴黎的一句最广为人知的名言。巴黎，这座塞纳河上神奇而美妙的城市，世界闻名的文化艺术中心，数百年来吸引了无数画家和诗人的磁石；自古及今，画家和诗人就荟萃于巴黎，他们来自欧洲各地、南北美洲、亚洲——其中就有慕名奔赴巴黎的巴金和艾青。然而，巴黎并不仅仅是作家和艺术家的聚首之地。它充满了安谧与宁静，同时又孕育着兴奋和激情；它的一切都安排得那么井井有条、那么和谐一致——从街巷小路到林荫大道，从小岛、河流到教堂、咖啡馆，从住宅区域到餐厅饭店，从建筑风格到艺术门类，无不如此。这种和谐的气氛使人在日常工作中发挥最大的干劲，也在生活中享受到了最大的欢乐。

所有这些都在海明威的《流动的圣节》中得到了反映。读过这部书的大多数读者和批评家都注意到了海明威在回忆二十世纪二十年代的巴黎时抒情的笔调、描写景色和人物肖像时强烈的感情和写实的手法。许多人认为，从来没有人能把二十年代黄金时代的巴黎描写得像海明威这么成功（确实也有不少人做过尝试，写出描绘当时的巴黎的文章，但都比不上海明威的回忆录）。另一些人则提到，这部书带有海明威的最优秀的小说所特有的抒情风格和鲜明的人物形象的勾勒。但是，大部分评论家都只把它看成一部回忆录，是一位老人回顾他在一个美妙的城市里度过的金色青春时的遐想；其他人则把它看成某种意义上的文学自传，认为这部书是这位艺术家青年时代的一幅珍贵画像，是了解那个时代的旨趣和观点的有益的索引，是二十世纪一位伟大的小说家初涉文坛时经历的记录。诚然，这一切都不难在《流动的圣节》中找到，但这部书的意义却远远超过回忆录或自传——这是一部结构缜密的力作，有自己的风格、构思和主题。如果读者想要真正深入地理解海明威的这最后一部重要作品，就必须研究其风格、构思和主题。

我们应该把《流动的圣节》当作"地方杂记"或"旧居回忆"（不同于游记文学）来深入分析，才能给予正确的评价。我们还应将它和这种文学体裁的其他作品做一比较，如劳伦斯·道罗尔的《普罗斯彼罗的洞室》、诺曼·道格拉斯和 D. H. 劳伦斯的地方杂记。在这种文学体裁中，超越一切的就是一种地方感，即对某地及其周围具有辉煌特色的气氛和环境的细腻的感受。由这种生动逼真的地方感而产生的是一条对于人的行为和性格的重要看法——用道罗尔的话来说就是："人物是风景塑造的。"这是用来分析《流动的圣节》的一条有效的途径，因为地方感既表达了作品的中心主题，又展示了它的深刻构思。这部书中发生的一切似乎都是由巴黎而引起的，连镜头从巴黎移开（例如有几处海明威描写了奥地利福拉尔贝格白雪皑皑的高山中的施伦斯）也是为把巴黎拉入近景而采用的必要手段。海明威认为，对于一个你热爱的地方，只有离开以后你才能真实地描写它，使它在文章中获得感人的活力。确实，这部书本身就是在时间和空间跨度很大的情况下写成的——从古巴到爱达荷州，海明威到了五十年代才终于回忆起二十年代的巴黎。因此，我们应当把这部杰作看成"地方回忆录"。

同样重要的是，我们应当把握住这部作品的几个突出的主题：贫困与富有、艺术创造所必需的磨炼、爱情与质朴、毒化与纯洁的终止——围绕这些突出的主题，海明威写出了一系列复杂的变奏曲。在许多章节中（例如《饥饿是有益的磨炼》等，而且贯穿全书），海明威都强调了贫困对于一个年轻艺术家的益处，同时又把细心的读者的眼光引向远远超出描写饥饿的艺术家的那一俗套以外的深度，使我们懂得"回忆也是饥饿"。书中没有对贫困的益处乱加发挥，因为他觉得只要写作顺利、有所创新、和妻儿相爱、生活得美满，即使囊空如洗，他也丝毫不会感到自己是贫困的。只有当他周围的冒牌艺术家、游手好闲的懒汉、装腔作势的家伙、骗子、吹牛皮的人过多地侵犯了他的写作和构思的自由时，他那创作的欢乐才会受到威胁；也只有当那些富人和堕落者削尖脑袋硬钻进他的个人生活中来时，他的爱情和单纯才被击成了碎片。这些主题都在书中得到了深入细腻的阐发，不仅构成了本书的主要文学形式，而且提供了研究海明威的个人生活和艺术生涯的最重要线索。

《流动的圣节》向我们展示了一系列与海明威同时的文学家的画像，写得非常精彩，有时令人拍案叫绝。他以准确得近乎刻薄的笔触集中描写了福特·麦多克斯·福特、温德姆·刘易斯等作家的某些羞于见人的特点，以和缓、同情的笔调勾勒出帕辛和埃兹拉·庞德的肖像，还从各个方面描写了当时的两位重要人物格特鲁德·斯泰因和司各特·菲茨杰拉德复杂的性格。他所表现的斯泰因和菲茨杰拉德的形象是所有研究这一时期文学史的学生，以及所有想要了解他们俩的生平和作品的人必读的篇章。

海明威在书的结尾写到"富人们出现了"，随着他们的到来，纯洁的生活告终了，在巴黎的黄金时代也完结了。但纵观全书，海明威的寓意还是说这个黄金时代永无止境，他以这部引人入胜的杰作为书前的导言提供了足够的佐证："……在此后的生涯中，无论走到哪里，巴黎都会在你心中，因为，巴黎是一个流动的圣节。"在此也许应当提及，"流动的圣节"（a moveable feast）指的是宗教年历上的重大圣节，例如复活节就是流动的圣节，因为它在每年的年历上日期都是不固定的。根据这个词的这个基本含义，巴黎也是一个圣节，一个漫长的、周而复始的日子，在这一天中，海明威享受着爱和创作的无比欢乐。

最后，这部书还为热爱巴黎的游人、研究海明威的学生、攻读二十世纪文学艺术的学者提供了丰富的史料。我们中间有些人曾有幸在巴黎度过了自己的青年时代，因而对引言中的论点完全抱有同感，并很欣赏书中的巴黎精神。但并不是每个人都是这么幸运的。然而，由于这部重要作品的中译本的出版，更多的读者可以看到海明威笔下的巴黎了。读完本书后，读者也许会对我下面这段话抱有同感：

　　"假如你有幸读过海明威的作品，那么，在此后的生涯中，无论走到哪里，这些作品都会在你心中。因为，他的作品是一个流动的圣节。"

〔美〕哈里·斯通贝克①

1984年7月　北京大学

---

① 哈里·斯通贝克博士（Dr. Harry Stoneback）是北京大学美籍教授，海明威研究专家。（本书注释如无特殊说明，均为译者注。）

序　言

　　本书作者基于充分的原因，在书中略去了许多地名、人名以及作者的观察和印象。略去的一部分是私人秘事，另一部分则是众所周知的，许多人都曾撰文追忆，今后无疑还将有文章出现。

　　书中没有提及阿纳斯塔斯体育场——在那里，拳击场设在花园中间，树荫下摆着桌子，拳术师则充任侍者；也没有提及和拉里·盖恩斯的共同训练以及在冬季马戏场里二十个回合的拳击鏖斗。诸如查理·斯威尼、比尔·伯德、麦克·

斯特拉特、安德烈·马松①和米罗②这样一些挚友在书中没有出现，我们曾多次游历黑森林，也曾对巴黎周围那些我们喜爱的林区去做一日探访，本书均未叙及。假如所有这些全能包括在本书内，那自然非常理想，但目前我们只好暂付阙如了。

　　读者如果愿意，也可以将本书作为小说来读。不过，把它当成小说来读也许能帮助读者更清楚地理解书中的事实。

欧内斯特·海明威

古巴，圣弗朗西斯科·德·保拉

1960年

---

① 安德烈·马松（1896—1987），法国超现实主义画家。——编者注

② 胡安·米罗（1893—1983），西班牙超现实主义画家，是与毕加索、达利齐名的艺术家。——编者注

说　明

　　欧内斯特于1957年秋在古巴开始写作本书，1958年冬至1959年初在爱达荷州的凯奇姆继续写作。1959年4月我们去西班牙时他带去了原稿，其后又带回古巴，同年深秋携稿返回凯奇姆。为了写《危险的夏天》这部描写1959年西班牙斗牛场上安东尼·奥多涅斯与路易斯·米格尔·多明奎激烈竞争的小说，他把本书搁置了一段时间，到1960年春才在古巴写完。1960年秋又在凯奇姆做了一些修改。本书内容系1921年至1926年在巴黎时的经历。

玛丽·海明威[1]

---

[1] 即玛丽·韦尔什·海明威，海明威的第四任妻子。——编者注

目录

圣米歇尔广场上一家雅净的咖啡馆

随后，坏天气就来了。往往秋季一结束，天气就开始变坏。夜晚，飘来的雨点使我们不得不关上窗户；护墙广场上，寒风吹落了树叶。落叶浸透了雨水，疾风驱赶着雨点，抽打在终点站的绿色大公共汽车上。爱美特咖啡馆里人群拥挤，屋里的烟雾和热气使窗玻璃蒙上了一层薄雾。这家咖啡馆气氛阴郁，办得很糟糕，是这一带酒鬼的聚首之处。那些人身上肮脏，气味难闻，还有一股醉汉的酸臭味，这些都使我对这家咖啡馆避而远之。经常光临爱美特咖啡馆的男女顾客只要还有钱买酒，就成天喝得酩酊大醉，喝的大多是半升或整升地买来的葡萄酒。店里大肆宣传许多名字十分古怪的开胃饮料，但除了喝一点垫底，然后再狂饮葡萄酒以外，很少有人能喝得起。常来喝酒的女人被称为poivrottes，即女酒鬼的意思。

　　爱美特咖啡馆后面是穆费塔街的污水池。穆费塔街是一条市场街，通往护墙广场，狭窄而熙熙攘攘的景象令人难忘。旧公寓里每层楼梯旁都有一间蹲坑厕所，为了不让房客蹲下时打滑，蹲坑两边都垒了印有齿道的水泥块。这些厕所的污物都冲到污水池里，夜间再由装着大罐的马车来抽干净。夏天，所有的窗户都敞开，外面就传来抽污水的声音，飘进刺鼻的臭味。装着大罐的马车都漆成咖啡色和橘黄色，在月光下看这些正在勒穆瓦纳红衣主教街工作的拉大罐的马车，宛若布拉克①的一幅油画。然而，爱美特咖啡馆却无人清扫。顾客络绎不绝，散发出难闻的气味；墙上贴的列出法律中禁止和惩处在公共场合酗酒的条款的黄纸告示都已污浊不堪，根本无人理睬。

　　刚下过几场寒冷的冬雨，城里所有阴郁、晦暗的气氛就都突然显现出来了。外出时已看不见高大的白色建筑的屋顶，只见昏暗潮湿的街道，门面紧闭的小铺，卖草药的商贩，文具店和报亭，技术平庸的助产士，还有魏尔伦②

---

① 乔治·布拉克（1882—1963），法国画家。与毕加索同创立方体画派。
② 保罗·魏尔伦（1844—1896），法国诗人。

保罗·魏尔伦
Paul Verlaine

1844—1896

　　法国诗人，是从浪漫主义过渡到象征主义的代表人物，和兰波、马拉美并称为象征派诗人的"三驾马车"。代表作有诗歌集《感伤集》。

去世的那家旅馆——我就在这家旅馆的顶楼租了一个房间来写作。

旅馆从下面到顶楼好像有六段或八段楼梯，里面很冷，但我知道，要生火暖屋子，就得买一小捆树枝、三把劈好的短松木条（长度与半支铅笔相仿，用铁丝扎好）用以从树枝上引火，还要买一捆劈成小节的半干硬木，这得花不少钱呢。我走到街道的对面，站在雨中仰头看房顶上是否有烟囱冒烟，冒得怎么样。一缕烟也看不见。我想：烟囱大概是冷了，冒不出烟，屋里很可能烟雾弥漫，浪费了柴火，也浪费了钱。我继续冒雨向前走，经过亨利四世中学、古老的圣艾蒂安蒙特教堂和寒风凛冽的先贤祠广场。为了避雨，我紧靠右边走，最后沿圣米歇尔大街背风的一侧走出广场，一直向下经过克吕尼教堂和圣日耳曼大街，来到圣米歇尔广场上我熟悉的一家雅净的咖啡馆。

这家咖啡馆清洁、温暖，有一种舒适而亲切的气氛。我脱下旧雨衣，挂在衣帽架上晾干，把褪了色的旧呢帽放在长凳上方的衣帽架上，然后要了一杯牛奶咖啡。侍者送上咖啡，我从上衣口袋里取出一个笔记本、一支铅笔，开始写作。我写的是一个关于密歇根州的短篇，外面朔风肆虐、寒气逼人，于是小说也就发生在寒风呼啸的一天。我在童年时、少年时和刚成年时都观察过秋日将尽的景象，而且在一处写这种景象要比在另一处写更好一些。这大概就是所谓把自己移植到他处吧，我想，人和其他生长的事物也许都同样需要这样移植自身。可是，小说里的小伙子都在喝酒，我不禁也渴了，就要了一杯圣詹姆斯牌朗姆酒。天冷，喝着这酒觉得特别醇香。我写个不停，感到非常惬意。优质的马提尼克朗姆酒温暖了我的全身，也振作了我的精神。

一位姑娘走进咖啡馆，独自在一张靠窗的桌旁坐下。她长得很漂亮，脸蛋像新铸的钱币一样光亮动人——如果可以用光滑的肌肉和雨水洗过的鲜嫩皮肤来铸钱币的话。她的头发黑得像乌鸦的翅膀，剪成一刀齐，横盖住了面庞。

我注视她，思绪受了牵扰，变得异常兴奋。我很想把她写进我的小说或者别的什么作品里，但她却坐在能看见街道和咖啡馆入口的地方——我知道她是在等人。于是我继续写作。

故事仿佛在自动进展，我的笔要费很大劲才能跟上。我又要了一杯圣詹姆斯牌朗姆酒。每当我抬起头来或者用转笔刀削铅笔时，我都看一眼那位姑娘，任凭刨下来的卷曲状铅笔屑落进酒杯下的碟子里。

我看见你了，美人儿，现在你是属于我的，不管你在等谁，也不管我以后能否再见到你，我这样想。你是属于我的，整个巴黎也都属于我；我则属于这个笔记本和这支铅笔。

我又开始写作，深深地沉浸到小说里，忘记了周围的一切。现在故事不是自动进展而是由我驾驭了。我没有抬头，没有注意时间，没有去想自己身在何处，也没有再要圣詹姆斯牌朗姆酒。我不知不觉地对圣詹姆斯牌朗姆酒厌烦起来了。小说终于写完了，我感到非常疲倦。读完最后一段，我抬起头来，寻找那位姑娘，可她已经走了。但愿她是跟着一位好心的男子走的。可我还是感到有些悒郁。

我把小说合进笔记本里，放进上衣的内口袋。我叫来侍者，要了十二个葡萄牙牡蛎和半瓶干白葡萄酒。每次写完一篇小说，我身上都会产生顿时空空如也的感觉，心中泛起又是愉快又是忧伤的情绪，仿佛刚和女人睡完觉一样。我相信这是一篇很好的作品，但究竟好到什么程度，我要到第二天重读以后才能知道。

我开始吃带浓烈海腥味的牡蛎，冷冰冰的白葡萄酒冲淡了牡蛎那金属般微微发硬的感觉，只剩下海鲜味和多汁的嫩肉。我借畅快的酒劲喝下每只牡蛎壳里的凉液，空空如也的感觉消失了，我又高兴起来，开始考虑下一步计划。

　　既然坏天气已经开始，我们可以暂时离开巴黎，去找一个不下雨而下雪的地方：雪花透过松树飘飘降下，覆盖了道路和高高的山坡；山高人静，我们夜晚步行回家时能听见积雪被人踩踏的响声。雷阿望①山下有一处别墅，膳宿条件非常优越。住在那里，我们可以一起看书，夜里双双躺在温暖的床上，敞开窗户，望见灿烂的星光。那正是适合我们去的地方。三等火车票价并不贵，而且那里的膳宿费用也和我们在巴黎花的不相上下。

　　我可以退掉用来写作的那个旅馆房间，剩下的只是勒穆瓦纳红衣主教街74号的房租，那是微不足道的，前段时间我为《多伦多星报》写通讯的稿费支票已经够支付了。我在任何地方、任何情况下都能写报道，所以这一次去旅行的钱还是有的。

　　也许离开巴黎我就能描写巴黎，就像在巴黎时我能描写密歇根一样。我不知道当时要这样做还为时过早，因为我对巴黎还不够熟悉。不过，后来我还是采用了这种写作方法。不管怎么样，只要我的妻子②想去，我们就去，我

---

① 雷阿望（Les Avants）是瑞士西部的一个村庄，是阿尔卑斯山一带冬季度假胜地之一。——编者注

② 本书中海明威提到的"妻子"指他的第一任妻子哈德莉·理查森（1891—1979）。——编者注

吃完牡蛎，喝干了酒，付了在咖啡馆的账，便沿最近的路线在雨中走回圣热纳维埃夫高地上的公寓。这时我觉得这雨只不过是本地的坏天气，它并不足以影响人的生活。

"我想，去那里一定有意思极了，塔迪①。"我妻子说。她的面部线条十分柔和，一听到我的决定，脸色就豁然开朗，透出微笑，双目炯炯闪光，仿佛接到了丰厚的礼品。"我们什么时候动身？"

"你愿意什么时候走就什么时候走。"

"哎呀，我真想马上就走。难道你不知道我的心思？"

"等我们回来时大概已经是晴空万里了。天气晴好而又寒冷就会使人觉得特别舒畅。"

"我想天一定会晴的，"她说，"还有，你想到出去玩，真好。"

---

① "塔迪"（Tatie）为海明威给自己起的绰号。——编者注

1921 年 9 月，海明威与哈德莉结婚
（左四为海明威，左三为哈德莉）

　　1920 年 10 月，海明威到芝加哥找工作，通过朋友凯特·史密斯认识了比自己年长八岁的哈德莉·理查森。之后，二人书信不断。第二年 9 月就在海明威家的暑期别墅结婚。婚后，海明威夫妇经过商议，听从了作家舍伍德·安德森的建议，于 1921 年 12 月远渡重洋，去往当时的世界艺术中心——巴黎。

斯泰因小姐①垂教

我们回到巴黎时，天气寒冷而晴朗，令人愉快。巴黎已经适应了冬季，我们街对面的柴炭市场上有好柴火出售，许多高等咖啡馆外面安了火盆，使人在台阶上也能够取暖。我们自己家里十分温暖而舒适，木柴生的火上烧着

---

① 格特鲁德·斯泰因（1874—1946），美国女作家，生于宾夕法尼亚州一个富裕家庭，在拉德克利夫学院毕业后进入霍普金斯大学，后辍学赴欧，长期侨居巴黎。她热心提倡和支持先锋派艺术，二十年代有许多新起的诗人、小说家、画家、音乐家出入于她的文艺沙龙，使她名噪一时。她最初创作时就是文学改革的试验者，为准确描写真实，她一反前人华丽和雕琢的修辞手法，模仿儿童的简朴、单调、重复和不连贯的语言，注重文学的声音和节奏，创造出一种稚拙的文体。她是一个同性恋者，长期和她的秘书兼同伴托克拉斯一起居住，对此海明威十分厌恶，逐渐与她疏远。

用煤粉做成的蛋形小煤球。街上，冬夜的灯光显得十分美丽。到这时候，你已经看惯了指向天空的光秃秃的树木，在凛冽的寒风中依然沿着卢森堡公园里不久前被雨水洗净的碎石小径漫步。那些光秃秃的树木看惯了以后倒觉得像是雕刻出来的一样。冬季的寒风吹过小池塘的水面，喷泉在明亮的阳光下喷水。去过山区以后，再长的路也不觉得远了。

从高山回到这小山坡，我就不太在意坡度了，偶一注意便产生愉快之感。拾级登上我在写作的那家旅馆的顶楼，坐在房间里，俯视周围一带高坡上所有的房顶和烟囱，也成了我的一件乐事，屋里的壁炉火苗正旺，工作起来既暖和又舒适。我把一盒盒的柑橘和烤栗子带到房间里，饿了的时候就吃烤栗子和橘子，剥掉红橘似的小柑橘的皮，一边吃一边把橘子皮扔进火堆，把橘子核也吐了进去。因为天冷、写作，又老走路，我总是觉得肚子饿。我在屋里保存有一瓶从山区带回来的樱桃酒，一篇小说快要写完或者一天的工作即将结束时，我就拿出来喝上一口。一天的工作干完以后，我把笔记本或者稿纸放进桌子的抽屉里，把剩下的几个柑橘全部装进口袋。柑橘留在屋里过夜会冻坏的。

工作顺利，走下长长的楼梯时就满心欢畅。我的习惯是必须干出一点成果才能停笔，而停笔的时候心里已考虑好了下一步的情节。这样就能保证第二天继续写下去。但是在我动笔写一篇新的小说时常常开不好头，这时我就坐在炉火旁边用手挤小橘子皮，让汁液滋进火苗外缘，看那蓝色的火焰噗噗地蹿起来。然后，我站起身来，俯视巴黎城里各种建筑物的屋顶，心想："不要着急。过去你都能写成功，现在也同样能写下去。唯一的要求就是写一句真实的句子。写一句你所知道的最真实的句子。"这样一想，我就能写出一个真实的句子，然后继续往下写。这并不难，因为我知道，或者见过，或听别人说过的真实句子总是有的。如果开头我写得过于雕琢，或者像在介绍和推荐某种东西，这时就能把那些华而不实的东西剔出来扔掉，从第一句简单而真实的叙述性句子开始往下写。就是在那个顶楼房间里，我决定要把我所知道的每一件事写成一篇小说。我在写作时始终要求做到这点，这也是一种严格而有益的磨炼。

就是在那间屋子里，我学会了在停笔休息直到第二天继续写作的这段时间里完全不去思考正在写的作品。我希望这样就能让我的潜意识去构思作品，同时还能倾听别人的谈话、留心观察一切；我还希望能学到点东西；我也以读书来避免思考作品，不使自己丧失继续创作的能力。创作顺利的时候——这不仅需要把握住自己，还得运气好——步行下楼就感到心情格外舒畅，可以随意地到巴黎的任何地方去散步了。

假如午后我另选一条路线去卢森堡公园的话，我可以穿过几个公园到卢森堡博物馆去。那里有不少名画，如今大部分迁到罗浮宫和热德波姆陈列馆去了。我几乎每天都要去那里欣赏塞尚、马奈、莫奈①以及其他印象派画家的作品。我是在芝加哥艺术学院第一次得知印象派绘画的。从塞尚的画中我受到了一些启发，感到光靠写简单、真实的句子还远远不能使我的小说具有我想达到的深度和广度。我从塞尚的画中获益匪浅，但由于表达能力不够，无法向别人言传。再说这也是我的秘密。但如果卢森堡博物馆里的灯全熄灭了，我就又穿过那几个公园往回走，到弗勒吕斯路27号公寓里格特鲁德·斯泰因的工作室去。

我和我的妻子已经拜访过斯泰因小姐了，她和与她同住的一位朋友非常亲切、热情地接待了我们。我们很喜欢她那间挂有不少名画的宽敞工作室，要不是有一个大壁炉，这里真像第一流美术馆里收藏珍品的房间，暖烘烘

---

① 保罗·塞尚（1839—1906）、爱德华·马奈（1832—1883）和克洛德·莫奈（1840—1926）都是法国印象派画家。

格特鲁德·斯泰因
Gertrude Stein

1874—1946

　　1922 年 3 月，已在巴黎安顿下来的海明威夫妇登门拜访了斯泰因。当时，斯泰因已经四十八岁，相当于海明威母亲辈的年龄。海明威对她比较尊敬，常去她的寓所看画、喝咖啡、交流，后来还请斯泰因当他儿子的"教母"。可见起初二人的关系是很好的。

　　斯泰因是绘画收藏家，在巴黎赞助过许多现代派画家。上图为斯泰因在巴黎寓所中的照片，墙上挂有毕加索为她画的肖像。

的，非常舒适。她们端上茶，送上用紫香李、黄香李或者野山莓做的甜酒，还请我们吃精美的食品。那无色透明、醇香诱人的甜酒装在雕花玻璃瓶里，倒进小酒杯里端上来。不论是紫香李酒、黄香李酒还是野山莓酒，喝起来都有原来那种果子味，只不过现在变成了在你舌头上缓缓燃烧的一堆火，暖和了你的身子，使你话也多起来了。

斯泰因小姐身材粗壮，但个子不高，结实得像个农妇。她的眼睛非常好看，宽厚的脸庞显出德国犹太人的血统，又有些像弗留利①人。她的衣着，她那表情丰富的脸，她那光滑、厚实、飘动的头发，以及大概从上大学时保留至今的发型都使我联想到意大利北部的农妇。她总是滔滔不绝地谈话，一开始总是谈熟人和旧地。

她的同伴身躯娇小，肤色浅黑，头发剪得像布泰·德·蒙佛尔插图上画的贞德②一样。她长了个鹰钩鼻子，但嗓音非常悦耳。我们第一次见面时，她正在绣花边。她一面继续绣花边，一面为我们端上点心和甜酒，还和我的妻子聊天。她和这个人交谈，同时又去听另一个人谈话，还经常插进去说几句。后来她对我们解释说，她总是和客

① 弗留利，意大利东北部地区。
② 贞德（1412—1431），法国民族女英雄。

人的妻子交谈。我和我妻子都觉得，她对客人的妻子只不过是勉强应酬一下罢了。不过我们还是很喜欢斯泰因小姐和她的朋友，尽管那位朋友有点使人不敢接近。那些油画真是精品，请我们吃的糕饼和白兰地酒也确实好极了。她们也似乎对我们很有好感，待我们就像对待又听话、又懂礼貌、又有出息的小孩子一样。我觉得她们原谅了我们的相爱和婚姻——时间会解决这个问题的——因此，当我的妻子邀请她们来用茶点时，她们就欣然接受了。

到了我们家，她们似乎更加喜欢我们了，不过也许是地方太小，我们大家都靠得更近的缘故。斯泰因小姐坐在地铺上，让我把我写的短篇小说拿给她看看。看了以后，她说除了一篇《在密歇根北部》以外，她都很欣赏。

"这是一篇好作品，"她说，"问题并不在这里。关键是它不登大雅之堂。也就是说，仿佛画家画的一幅画，他举办画展时挂不出去，也没有人会买，因为他们也挂不出去。"

"可是，假如故事并不下流，而是写出了人们在实际生活中可能使用的字眼呢？如果只有那些字眼能使小说带有真实性，而你又必须使用呢？那就只好用了。"

"你根本没有弄懂我的意思，"她说，"你不应该写任何不登大雅之堂的东西。写那样的东西毫无意义，是愚蠢的，也是完全不应该的。"

她告诉我，她自己也想在《大西洋月刊》上发表作品，而且能够发表。她说我的写作水平还够不上在《大西洋月刊》或者《星期六晚邮报》上发表作品，但我也许算个与众不同的新型作家，不过首先要记住的还是不能写任何不登大雅之堂的小说。对此我没有争辩，也没有再解释我想怎样尝试创作对话。那是我自己的事，再说，还是听别人讲有意思得多。那天下午她还给我们讲了如何买画的事。

"你要么就买衣服，要么就买画，"她说，"事情就是这么简单。除了富翁，谁也不能两项全买。不要在乎穿什么，也别管什么款式，就买舒适、耐穿的衣服，这样就能省下买衣服的钱去买画了。"

"可是，即使我从此什么衣服也不添，"我说，"那我也买不起我想要的那些毕加索的画。"

"不错，他的画是你可望而不可即的了。你得买和你同辈、和你同在军队服役的人的画。你会慢慢和他们结识的。在附近这一带你就能遇到他们。什么时候都会有一批新的、优秀的严肃画家的。不过，成天买那么多衣服的不是你，而是你的妻子。女人的服饰才贵呢。"

我知道我妻子尽量不去看斯泰因小姐身上那套怪里怪

巴勃罗·毕加索
Pablo Picasso

1881—1973

　　西班牙画家、雕塑家，西方现代派绘画的主要代表，也是立体主义运动的主将。他创作于1907年的《亚威农少女》被评论界誉为第一幅有立体主义倾向的作品，是具有里程碑意义的杰作。

　　毕加索于1904年定居巴黎。格特鲁德·斯泰因从1905年开始收藏毕加索的作品，此外还在她的沙龙上展出这些作品，由此开始在很长一段时间里，斯泰因都是毕加索的主要资助者。

气的衣服。她也真做到了。我觉得她们告辞时还是很喜欢我们的，她请我们再到弗勒吕斯路27号去玩。

后来她才请我，说在冬季下午五点以后任何时间都可以去她的工作室。我是在卢森堡公园里认识斯泰因小姐的。我记不清当时她是否在领着狗散步，也想不起来她那时究竟有没有狗了。我记得我是独自散步，因为当时我们养不起狗，甚至连猫也养不起。我只是认识咖啡馆或者小饭馆里的猫，还有就是我很喜欢的那几只蹲在看门人窗上的大猫了。后来我经常在卢森堡公园里碰见斯泰因小姐带着狗散步，不过我想第一次见面时她还没有狗。

有狗也罢，没狗也罢，我还是接受了她的邀请，而且，每当路过就进她的工作室去坐一会儿。她每次都请我喝原汁白兰地，喝完了还坚持要给我再斟一杯。我一边看墙上的画，一边和她交谈。那些画都很动人，谈话也很有意思。大部分时间都是她在说话，她给我讲现代油画、讲画家——主要讲他们的日常生活，而不是他们绘画的经历；她还谈她自己的写作。她拿出许多本她写的手稿给我看。她的朋友天天在用打字机为她誊抄这些稿子。每天写作使她心情愉快，但在更进一步了解了她以后，我发现，只有这些逐日写出的作品（数量视她的精力而定）能够出版并获得认可才能使她保持愉快。

　　我刚认识她的时候，这个问题还不那么尖锐，因为那时她刚发表了三个通俗易懂的短篇小说，其中有一篇《麦兰克莎》写得非常好。她的实验主义小说中有一些优秀的代表作已经编成集子出版，受到认识她、见过她的批评家的高度赞扬。她的性格很有吸引力，只要她想赢得某个人的支持，那人就一定会倒向她。和她有过一面之交和见过她的藏画的那些批评家单靠对她的信任去评论他们看不懂的作品，因为他们喜欢她的性格，也相信她的判断能力。她还发现了许多韵律和叠用词汇方面的规律。这些发现很有道理，也很有价值。谈起这些来她能讲得头头是道。

　　但她讨厌修改作品这件苦役，还讨厌必须把小说写得通俗易懂这种要求，尽管她需要出版作品、得到正式认可，特别是要让她那本长得惊人的小说《美国人的形成》得以出版。

　　这本书开头写得非常精彩，接下去的一大部分也很成功，有许多文采飞扬的章节，但以后就是前面那一套没完没了的重复，如果换一个比她更有自知之明或者稍为勤快一点的作家，这些东西早就被扔进废纸篓了。后来我说服了（也许应该说"强迫"了）福特·麦多克斯·福特①在

① 福特·麦多克斯·福特（1873—1939），英国作家，曾侨居巴黎，见后文详注。

《大西洋彼岸评论》上连载这部小说，虽然明知直到《大西洋彼岸评论》终刊也连载不完的。斯泰因小姐不爱看校样，为了在《大西洋彼岸评论》上登载，我只好全部代劳，所以对小说的内容也非常熟悉了。

不过，上述的一切都是那个寒冷的下午我经过看门人的门房，穿过凉飕飕的院子，来到温暖的工作室之后几年的事。那天斯泰因小姐教我性的知识。那时候我们已经互相都很有好感了，我已逐渐懂得，每碰上一件我不懂的事，那里面就可能有点名堂。斯泰因小姐认为我太缺乏性的知识了。我承认我对同性恋的确抱有成见，因为我知道同性恋的若干最粗野的表现。我知道，因为这样，在"色狼"这个词还没有成为专指玩弄女性的男子的俚语的时候，一个少年和流浪汉在一起就必须带上刀子，而且还得准备动刀才行。我在堪萨斯城的经历使我懂得了不少"不登大雅之堂"的行话和短语，也了解了堪萨斯城各地区、芝加哥和湖船上的风俗习惯。在斯泰因小姐的追问下，我对她解释说，假如你是个男孩，又和一群男子一起流浪，那你就必须得有杀人的准备，弄清该怎么杀，而且到时候真敢下手，这样才能防止别人乱来。这么说总可以登大雅之堂了吧。如果你准备好了要杀人，别人很快就会感觉到这一点，那就不会有人来骚扰你了；不过有些处境很危险，千万不能让别人把你逼进去或骗进去。如果用船上的那些色狼"不登大雅之堂"的字眼来解释，那就能解释得更加清楚生动些："嗨，有缝就好，有眼更妙。"不过，我在斯泰因小姐面前说话总是十分小心，即使直截了当的词句能把一种看法解释得更清楚，我也不用。

"是啊，是啊，海明威，"她说，"可你那时候是生活在罪犯和堕落分子的环境里啊。"

我不想为这个争辩，但我心里却在想：那时我生活在实实在在的世界里，周围什么人都有；我也曾尽量去理解他们，不过我对有些人怎么也喜欢不起来，对另一些人现在还怀恨在心。

"可是，我在意大利时，有一个出身名门、风度翩翩的老头来到医院，送给我一瓶马沙拉白葡萄酒还是金巴利酒。他的一举一动都极有分寸，但忽然有一天我不得不请护士不要再放那个老人进房，这你怎么说呢？"

"那些是病态的人，他们自己也控制不住，你应该同情他们。"

"我要不要同情某某某呢？"我问道。当时我说了此人的名字，但他极爱自报其名，所以我觉得在这里就没必要再代劳了。

"不，他是个坏家伙。他诱人堕落，实在是个恶人。"

"但是人们还说他是一个很不错的作家呢。"

"不是，"她说，"他只不过是个好出风头的家伙，而且他专以诱人堕落为乐，还勾引人家染上别的恶习。比如，吸毒。"

"这么说在米兰我应当同情的那个人就不是在诱我堕落吗？"

"别那么傻了。他怎么可能引诱你堕落呢？难道像你这样喝烈性酒的小伙子还能用一瓶葡萄酒来引诱吗？不行的。他是个可怜的老人，控制不住自己的行为。他有病，实在没办法，你应当同情他。"

"当时我是同情他的，"我说，"可是，像他那样彬彬有礼的人居然也会那样，真使我大失所望。"

我又呷了一口白兰地，可怜了一番那个老人，然后抬起眼来看毕加索画的一位提着一篮鲜花的裸体姑娘。这场谈话不是我开的头，但现在我觉得情形有些不妙。斯泰因小姐在交谈中通常是不会冷场的，但我们已经冷场了一会儿了。她像是有件什么事要对我说。我在杯里斟满了酒。

"实际上你对这件事一无所知，海明威，"她说，"你碰到过不少人人皆知的罪犯、病态的人和恶棍。但问题主要在于男的同性恋者干的事太肮脏、太恶心，事后他们也厌恶自己。为了寻求解脱，他们就酗酒、吸毒，然而他们对那种行为还是非常厌恶。他们不断变换伙伴，但总不能获得真正的乐趣。"

"明白了。"

"两个女人在一起则正好相反。她们不干任何她们所憎恶或者令人作呕的事情，事后她们就感到很愉快。她们在一起能过上美满的生活。"

"明白了。"我说，"可是某某某又是怎么回事呢？"

"她可坏透了，"斯泰因小姐说，"她的确非常邪恶，因此她只有和新伙伴在一起才会感到满足。她把人都勾引坏了。"

"我懂了。"

"你真的懂了？"

那时候要弄懂的事情实在太多，所以我们每次改变话题，我都高兴。公园关门了，我只好绕行园外走到沃吉拉德路再绕过公园另一头。公园一关门上锁，看上去就显得凄凉，而我不能穿过公园，只好绕路，匆匆赶回勒穆瓦纳红衣主教街的家里去，心情也是十分恺郁。可这一天开始时多么美好啊。明天我要努力写作了。工作能治好几乎一切毛病。那时我相信这一点，现在仍然如此。我断定，那时斯泰因小姐觉得我唯一需要改变的就是我的青春年华和我对妻子的爱。我回到勒穆瓦纳红衣主教街上的家里，把我刚了解到的情况告诉妻子，忧伤的情绪早已不翼而飞了。夜里，我们分享着我们自己已有的知识和在山间新得到的知识，感到非常满足。

"迷惘的一代"

不久我就习惯了在下午三四点钟路过弗勒吕斯路27号时进去暖暖身子,看看名画,随便聊聊天。斯泰因小姐常常闭门谢客,但见了面她还是很热情的,有很长一段时间态度还非常亲切。每次我外出报道各种政治性会议或者为加拿大的哪家报纸和通讯社去近东、德国采访,回来后她总要我把有趣的逸闻琐事讲给她听。故事里少不了有逗人发笑的地方,她就喜欢这些,还爱听德国人所谓"令人毛骨悚然的笑话"。她想知道的是当今世界快乐的一面,至于那真实的、丑恶的一面,她是向来不爱听的。

那时我还年轻,没有什么忧愁,再倒霉的时候也觉得有好多事情既古怪又好笑,斯泰因小姐就爱让我讲这些事。除了这些，别的我就不提了，而是自己动笔写下来。

有时我没有外出旅行，而是工作之余到弗勒吕斯路转转，我就尽量让斯泰因小姐谈谈她对书籍的看法。我写作的时候，每次搁笔休息时都必须看看书，如果老是考虑自己的创作，就会失去笔下作品的线索，第二天反而写不下去了。你必须活动活动，使身体感到疲倦；和你所爱的人睡一觉也很有益处，可以说比什么都强。不过，完事以后，体内空虚了，你就得读点书，以免在继续写作之前为手头的工作费神思索或者焦虑不安。创作的灵感就像一口井，我已经学会了始终不把井水舀干，而是在井的深处还有存水的时候就停住，让夜里淙淙流入的泉水把井重新灌满。

为了在搁笔休息后不去考虑写作，我有时阅读一些当时活跃于文坛上的作家的作品，像奥尔德斯·赫胥黎、D. H. 劳伦斯等等，或者看看从西尔维娅·比奇①的图书馆或河边书摊借来、买来的随便什么书籍。

"赫胥黎的文笔死气沉沉，"斯泰因小姐说，"你为什么要读死人的书呢？你难道看不出他已经毫无生气了吗？"

当时我确实还没有看出他的文笔死气沉沉。我说我觉

---

① 西尔维娅·比奇（1887—1962），莎士比亚书店的创立者。——编者注

得他的书很有意思，读他的书我就能避免思考自己的写作。

"你应该只看真正的好作品，要不就只看绝对的坏作品。"

"去年和今年两个冬天我都在看真正的好书，明年冬天我还要看。我不喜欢绝对的坏书。"

"你为什么要读这本无聊的书呢？海明威，这里面全是夸夸其谈的废话。作者是行尸走肉。"

"我很想看看他们写些什么，"我说，"而且这样能使我的思路转移开去。"

"你还读谁的书？"

"D. H. 劳伦斯，"我答道，"他写了几篇相当精彩的短篇小说，其中有一篇叫《普鲁士军官》。"

"我读过他的小说，可是读不下去。他的东西简直没法看，凄凄惨惨的，荒谬透顶。他是在无病呻吟。"

"我喜欢他的《儿子与情人》和《白孔雀》，"我说，"也许后者差一些。《恋爱中的女人》我读不下去。"

"你要是不想看低劣的作品，而想看引人入胜、文笔超俗的作品，那就应当读读玛丽·贝洛克·朗兹①的小说。"

我从未听说过她，于是斯泰因小姐把描写好人雅克的

---

① 玛丽·贝洛克·朗兹（1868—1947），英国小说家，以写凶杀秘密小说著名。

《房客》这部精彩的小说借给了我，还借我一本讲巴黎郊外某地发生的谋杀案的书，那地方大概就是昂甘温泉。这两本都是极好的消遣小说，书中人物真实可信，情节和虚构的恐怖也毫无虚假的感觉。工作之余看看这类书是很合适的，所以我把能借到的朗兹夫人的作品都看了一遍。可是她的书就那么一些，都没有前两本那么出色。后来，到西默农①的第一批好作品问世后，我才又找到这样的好书来消磨白天或者晚上的余暇。

我想，说不定斯泰因小姐也会喜欢西默农的优秀作品的。但我不敢肯定，因为我认识斯泰因小姐的时候，她虽然爱说法语，倒不怎么愿意看法文书。我读过的第一本西默农的作品不是《一号水闸》就是《渠边人家》。这两本书是珍妮特·弗兰纳给我的。她很喜欢读法文作品，当西默农还是个采访罪案的记者时，她就开始读他写的东西了。

我记得在我和格特鲁德·斯泰因交谊甚厚的三四年里，她提起那些没有为她的作品捧场、没有为她的事业出力的作家时，总是没有一句好话。唯一例外的是罗纳德·弗班克，后来是司各特·菲茨杰拉德。我和她初次见面

---

① 乔治·西默农（1903—1989），比利时法语小说家，写过大量犯罪心理小说和侦探小说。

时，她谈到了舍伍德·安德森，但没有把他当作作家，而是把他当作男子，神采飞扬地谈他那意大利式的大眼睛里英俊而热情的风采，谈他待人和蔼和风度翩翩。我不在乎他那双意大利式的大眼睛是否英俊、热情，但非常喜欢他的几篇短篇小说。那几篇作品文笔朴实，有些地方写得非常漂亮。他了解自己笔下的人物，对他们有深厚的感情。斯泰因小姐不愿意谈他的作品，却总是谈他的人品和外貌。

"他的小说怎么样？"我问她。但她不想读安德森的作品，更不愿谈论乔伊斯的作品。你只要提上两次乔伊斯，她就不会再请你上门了。这就像在一位将军面前称赞另一位将军一样，犯了一次这样的错误，下次就不该再犯了。当然，你什么时候都可以对一位将军提起他的手下败将，这时你的将军便会大大褒奖一通他的那位手下败将，然后得意扬扬地详谈他取胜的经过。

安德森的短篇小说写得非常出色，正因为如此，我们在这个话题上才总是话不投机。要让我对斯泰因小姐说安德森的小说莫名其妙地糟糕也可以，但这么说并不见得好，因为这就等于在贬低她的一位最忠实的支持者了。后来，他写了一本糟糕至极的小说《黯淡的笑》，我觉得他写得实在太愚蠢、太做作了，便忍不住模仿他的笔法写了

詹姆斯·乔伊斯
James Joyce

1882—1941

　　爱尔兰作家、诗人，二十世纪最
有影响力的作家之一，其作品及"意识
流"思想对世界文坛影响巨大。乔伊斯
一生颠沛流离，1920 年起定居巴黎，
他最著名的长篇小说《尤利西斯》就是
在巴黎生活期间完稿并出版的。在他经
常光顾的莎士比亚书店里，许多寄居巴
黎、当时还很年轻的作家都与他成为了
朋友，其中包括海明威、司各特·菲茨
杰拉德等人。

一部小说①来加以讥刺。这使斯泰因小姐大为恼怒——我正好攻击了她阵营中的一员。不过，在这之前有很长一段时间她并没有生过气。而到了安德森作家地位一落千丈以后，她自己也开始大肆吹捧他了。

她也生埃兹拉·庞德②的气，原因是他一进她家就在一张又小又不稳（肯定还很不舒服，说不定是故意给他坐的）的椅子上坐下了，坐得太猛，结果把椅子压裂了，可能还压散了架。至于他是个有名的诗人，为人和蔼可亲，行事慷慨大方，本来应该让他坐在一张大一些的椅子上的，这一点主人却根本没考虑到。而她那些圆滑而恶毒的讨厌埃兹拉的理由是好几年以后才编造出来的。

斯泰因小姐提到"迷惘的一代"是在我们从加拿大回来后，住在香圣母院路的时候。那时我和她关系还很好。她那辆福特T型旧车的点火装置出了毛病，在修理铺时，一个曾在大战最后一年服役的小伙子不知是技术不熟练，还是没有撂下别的汽车来先修斯泰因小姐的福特车，总之他干活很不认真。在斯泰因小姐告状之后，修理铺老板把他狠狠地训斥了一通。老板对他说："你们全都属于'迷

---

① 即《春潮》(*The Torrents of Spring*)。——原注
② 埃兹拉·庞德（1885—1972），美国诗人，见后文详注。

舍伍德·安德森
Sherwood Anderson

1876—1941

美国作家。出生于美国俄亥俄州
一个贫寒家庭，早年经商，后弃商从
文。1919年发表《小城畸人》后一举
成名。这部作品一改当时美国小说的模
式，从这个角度来说，安德森是美国现
代小说的先驱。

1921年，海明威在芝加哥认识了
安德森。安德森在阅读和写作方面给过
海明威许多好建议，海明威夫妇前往巴
黎时，他还为这对年轻夫妇提供了不少
生活上的帮助。

《春潮》封面

《春潮》创作于1925年。海明威之所以写这部小说，是因为读了舍伍德·安德森的《黯淡的笑》，觉得写得很糟糕，加上当时评论界常有批评者说海明威的创作是受到安德森的影响，令海明威不快，于是写了《春潮》这部他自称为"戏仿"（parody）的小说来嘲笑《黯淡的笑》。1926年5月，美国斯克里布纳公司出版了《春潮》。后来，海明威与安德森在巴黎见过面，并未发生什么争执，但二人的友谊也没有再继续下去。

惘的一代'。"

"你们就是这一类人。你们全都属于这一类,"斯泰因小姐说,"你们这些在战争中当过兵的年轻人都是一样。你们是迷惘的一代。"

"是吗?"我说。

"就是,"她坚持道,"你们蔑视一切,喝酒喝到醉死方休……"

"那个年轻修理工喝醉了吗?"我问道。

"当然没醉。"

"你看见我喝醉过酒没有?"

"没有。可你的朋友都是些酒鬼。"

"我喝醉过,"我说,"不过我喝醉时从不上这里来。"

"当然没有。我没这么说你。"

"那个小伙子的老板大概没到上午十一点就喝醉了吧,"我说,"要不他怎么想出那么漂亮的词语来呢。"

"别跟我争辩,海明威,"斯泰因小姐说,"争也没好处。你们全都是迷惘的一代,修理铺老板说得一点不错。"

后来我写我第一部小说①时就从《圣经·传道书》里

---

① 指海明威的第一部长篇小说《太阳照常升起》,本书最后几章对此书的创作过程亦有介绍。——编者注

引了一句话来和斯泰因小姐从修理铺老板那里听来的话做
对比。但是,那天晚上我步行回家时,不禁想起了汽车修
理铺的那个小伙子,在那些汽车改成救护车的时候,不知
他是否也被拉去开过车。我还记得装满伤员的汽车在山区
公路向下开的时候,他们如何死死踩住刹车,刹车片磨坏
了就挂上倒挡。殿后的几辆车只好空载过山,换几辆带有
金属板刹车和优质手动变速器的大型菲亚特车来。我想到
了斯泰因小姐和舍伍德·安德森,想到了与严格律己相对
的自私态度和精神上的懒惰,究竟谁在说谁是“迷惘的一
代”?我沿着山坡走向丁香园,阳光照在我的老朋友,那
座内伊元帅①的雕像上,他的军刀刺向前方,树木在铜像
上投下阴影,他孤零零地站在那里,身后空无一人。他在
滑铁卢败得多惨啊!这时,我想到:每一代人都曾由于某
种原因而感到迷惘,过去是这样,将来也是这样。我在丁
香园停住了脚步,想在这里和那座雕像做个伴,喝上一杯
冰啤酒,然后再回锯木厂楼上的家里去。然而,端着啤酒
坐在那里,眼望着雕像,我不禁想起了从莫斯科撤退时,
拿破仑和科兰古乘坐马车疾驰而去,留下后卫部队由内伊
亲自率领且战且退,苦战了多少日子啊;我想起斯泰因小

---

① 米歇尔·内伊(1769—1815),法国元帅,拿破仑麾下勇将。

姐是个多么热情、亲切的朋友，想起她在谈到阿波利奈尔[①]时充满激情的话语，阿波利奈尔死的那一天正是1918年签署停战协定的日子，群众高喊"打倒威廉"，而昏迷中的阿波利奈尔还以为他们在喊打倒他呢。[②]我想，我要尽量帮助她，尽我的能力来使她所做的出色工作得到应有的承认。请上帝和麦克·内伊[③]以神力相助吧。至于她那些"迷惘的一代"的胡诌和所有信手拈来的肮脏标签，全给我见鬼去吧。我回到家，走进院子，上了楼，看见妻子、儿子和他的小猫 F. 帕斯都带着愉快的神情，看见壁炉里熊熊的火焰，我便对妻子说："你知道，不管怎么说，格特鲁德人还是很不错的。"

"当然啦，塔迪。"

"可她有时候也确实胡说八道。"

"我从来没听过她讲话，"我妻子说，"我是夫人，和我聊天的是她的同伴。"

[①] 吉尧姆·阿波利奈尔（1880—1918），法国诗人。

[②] 群众要打倒德皇威廉二世，"威廉"一名在法语中的读音和"吉尧姆"一样，故有此误解。

[③] 麦克·内伊即米歇尔·内伊，麦克为米歇尔的昵称。——编者注

吉尧姆·阿波利奈尔
Guillaume Apollinaire

1880—1918

法国著名诗人、小说家、剧作家和文艺评论家，超现实主义文艺运动的先驱之一。曾经参加过第一次世界大战，身负重伤，以致过早地离开了人世。著有诗集《醇酒集》《图画诗》，小说集《异端派首领与公司》《被杀害的诗人》等。

莎士比亚书店

那时候我没钱买书，只好从莎士比亚书店的租借图书馆借阅。那是西尔维娅·比奇设在奥德翁路12号的图书馆兼书店。在那条寒风凛冽的街道上，这可是个温暖、舒适的去处：冬天生起一只大火炉，屋里摆着桌子、书架，架上堆满了书，橱窗里陈列着新书，墙上挂了许多已故和在世的著名作家的相片。这些相片看上去都像是随手拍下的生活照，就连已故的作家也像仍然健在似的。西尔维娅的脸线条分明，表情十分活泼，褐色的两眼像小动物的眼珠似的骨碌碌打转，像小姑娘一样充满笑意。她那波浪式的棕发从白皙的额头向后梳去，在浓密处齐耳根剪平，正好盖在她穿的一件咖啡色天鹅绒外衣的领线上。她的两条腿也很好看。她对人和蔼可亲，性情十分开朗，爱关心别人的事，也爱开玩笑、闲聊天。我认识的人中要算她对我最好了。

我第一次进书店时十分羞怯，因为身上的钱还不够加入租借图书馆。她对我说，我可以等有钱时再交保证金，她为我填了一张卡，说我想借几本书就可以借几本。

当时她并没有理由相信我。她不认识我，而且我给她的地址"勒穆瓦纳红衣主教街74号"在一个最穷的地区。然而，她却是那么愉快，那么热情，那么亲切。她的身后就是图书馆的宝藏——一排排顶到天花板、延伸到正对楼内院子的里屋的书架，架上堆满了书籍。

我先看屠格涅夫的书，拿了两卷《猎人笔记》，还有一本 D. H. 劳伦斯的早期作品，大概是《儿子与情人》吧。西尔维娅说，想要的话可以再拿几本。我挑了康斯坦斯·加纳特翻译的《战争与和平》和陀思妥耶夫斯基的《赌徒及其他》。

"这些书你要是全都要读的话，近期内你就来不了啦。"西尔维娅说。

"我要回来付钱的，"我说，"我家里还有些钱。"

"我不是那个意思，"她说，"钱等你方便的时候再给，什么时候都行。"

"乔伊斯一般几点来？"我问。

"要来的话，总得到将近傍晚的时候了，"她答道，"你见过他吗？"

"我们在米肖饭店看见他和家人在一起吃饭，"我说，"不过看人家吃饭总是不礼貌的，再说米肖饭店吃饭也贵得很。"

"你在家里吃饭？"

"现在一般都在家吃，"我说，"我们家有个好厨子。"

"你们家附近没有饭馆吧？"

"没有。你怎么知道的？"

"拉博①在那里住过，"她回答道，"他倒很喜欢那地方，就觉得没有饭馆不好。"

"要找物美价廉的饭馆，离那儿最近的就是先贤祠的那一家。"

"我对那一带不太了解。我们在家里吃饭。你和你妻子一定得去我家玩。"

"你还是先看看我会不会给你钱再说吧，"我说，"谢谢你的盛情邀请。"

"读书不要匆匆忙忙。"她说。

_____

① 瓦莱里·尼古拉·拉博（1881—1957），法国小说家、批评家。

我家在勒穆瓦纳红衣主教街，是一套两间的公寓，既没有热水，也不带卫生设备，只有一个防腐便桶，好在蹲惯了密歇根那种户外厕所的人也不会觉得有什么不便。周围有优美的景色，地板上有一张软垫弹簧的好床，墙上挂着我们喜欢的画，这套房间是欢乐、愉快的。拿着书回到家，我便把刚才发现的好地方告诉了妻子。

"可你今天下午一定要去把钱付了，塔迪。"她说。

"那自然，"我说，"我们一起去，然后我们就沿河边和码头散步。"

"走塞纳路吧，看看所有的画廊和商店的橱窗。"

"当然。走到哪儿去都行，我们可以找一家新开的咖啡店，还得是没有人认识我们、我们也不认识人的地方，喝上一杯酒。"

"可以喝两杯。"

"然后就去找个地方吃饭。"

"不。别忘了我们还得付图书馆的钱呢。"

"那我们就回家吃饭。做点可口的饭菜，到合作商店买瓶博纳红葡萄酒。从窗口就能看到那边橱窗里标的博纳红葡萄酒的价钱。吃完饭我们就看会儿书，然后上床睡觉。"

"我们要永远相爱，永不变心。"

"对，永不变心。"

"那样过一个下午和晚上有多好啊。现在我们该吃午饭了吧。"

"我饿极了，"我说，"我在咖啡馆里，就靠一杯奶油咖啡工作了一个上午。"

"写得怎么样，塔迪？"

"我觉得还不错。但愿一切顺利。中午吃什么？"

"小萝卜、香喷喷的牛肝炒土豆泥、莴苣色拉，还有苹果馅饼。"

"世界上所有的书以后我们都能读到了，外出旅行时也可以带上几本。"

"那样做没占别人的便宜吗？"

"当然没有。"

"她那儿有没有亨利·詹姆斯的书？"

"有。"

"哎呀，找到了这个地方，真是我们的运气。"

"我们总是幸运的。"我说着，没有想起该敲一下木板避避厄运。真傻。家里到处都有可敲的木板。

海明威和西尔维娅·比奇在莎士比亚书店门前
（右一为海明威，右二为比奇）

西尔维娅·比奇1887年出生于美国巴尔的摩，后定居巴黎，直至终老。1919年，比奇在巴黎左岸创办了莎士比亚书店，内设图书馆。在她的主持下，这家英文书店成了当时侨居巴黎的英美作家的通信联络点。

1921年底，海明威在抵达巴黎后很快就结识了比奇。比奇对他十分热情，不仅向他介绍了许多英美作家在巴黎的情况，还借了大量的文学书籍供他阅读。1923年，海明威出版了他的第一个作品集《三篇故事和十首诗》，并在莎士比亚书店出售。

西尔维娅·比奇和詹姆斯·乔伊斯在莎士比亚书店

1922年2月，西尔维娅·比奇以莎士比亚书店的名义为詹姆斯·乔伊斯出版了他的长篇巨著《尤利西斯》。这部作品之前曾经在美国杂志上连载过部分章节，却因其中的性描写而被指控为淫秽作品，在美国和英国都遭到了封杀。《尤利西斯》得以问世，离不开比奇的慧眼与胆识，由此传为西方现代文学史上的一段佳话。

塞纳河上的人

从勒穆瓦纳红衣主教街的尽头去塞纳河有几条路可走,最短的一条是沿街直下,但这条路太陡,而且一到了平坦地段,穿过交通繁忙的圣日耳曼大街的起始地段后,就把你带进了一段阴暗荒凉、寒风阵阵的河岸。这里右边紧挨着一个酒类市场,它和巴黎任何一个市场都不同,是用作扣存葡萄酒以待完税的一个关栈,外表就像军用仓库或者监狱一样阴森森的。

塞纳河支流的对岸是圣路易岛,岛上街道狭窄,古老的大厦非常美观。你不从那边走也可以向左转,沿堤岸走过相当于圣路易岛长度的路程,再往下走,对面就是巴黎圣母院和西岱岛了。

堤岸边的售书摊里有时可以买到刚刚出版的美国书籍，售价很低。银塔餐厅楼上有几间房间当时是出租的，房客在餐厅吃饭享受减价优待。房客忘了带走的书，仆人都拿到不远的堤岸书摊去卖，你只要花区区几个法郎就能从书摊老板娘那里买过来。她把英文书籍很不当回事，收购的时候只给极少的几个钱，有一点薄利马上脱手。

我和她混熟以后，她问我："那些书有什么好的？"

"偶尔有一本好书。"

"怎样才能知道呢？"

"我读一遍就知道了。"

"可这还是有点冒险。再说能看英文书的有几个人？"

"留给我先看一遍。"

"不，不能留起来。你也不常来，有时候很长时间不露面。我得尽快把书卖出去。谁也不知道这些书是不是一钱不值，如果真是那样，我就永远也别想卖出去了。"

"那法文书有没有价值你怎么能知道呢？"

"先看有没有插图，插图质量怎么样，再看书的装订。如果是本好书，那么书的主人一定会要求精心装订的。英文书倒是都装订过的，可是装订得很差，所以看不出好坏了。"

除了这个书摊，从银塔餐厅到奥古斯汀码头就没有别的出售英美书籍的书摊了。从奥古斯汀码头到伏尔泰码头的一段路上倒有几处书摊，出售从左岸几家旅馆、特别是伏尔泰饭店的雇员那里买来的书籍。伏尔泰饭店的阔旅客最多。一天，我问另一位和我很熟的女摊贩，那些书的主人自己有没有来卖过书。

"没有，"她答道，"那些书都是他们扔掉的，所以我们知道不值钱。"

"是朋友们送给他们在船上看的。"

"不错，"她说，"他们在船上也一定留下好多书。"

"对，"我说，"航运公司把书收集起来，装订一下，就成了船上图书馆的藏书。"

"真聪明，"她说，"这一来至少把书装订得好一些，那样书就值钱了。"

我常在工作之余和思考问题时沿着码头散步。我在散步、干活或者看别人如何熟练地工作的时候思考问题就容易一些。西岱岛顶端新桥下有一座亨利四世塑像，小岛就在那里伸入水中，仿佛是一个尖尖的船头。水边有一个小公园，园里的栗子树亭亭如盖。塞纳河流经这里造成了几股暗流和回水，那是钓鱼的好地方。沿阶梯下来到公园里便可看见那里和大桥下许多人在垂钓。钓鱼的好地点随水位的高低而变换，钓鱼人用的是接在一起的长竹竿，顶端却是精致的钓钩、轻巧的钓具和浮标，他们熟练地在下钓的水域里逗引游鱼。他们总能钓到一些鱼，顺手的时候还能钓到类似鲦鱼的鲌鱼。这种鱼整条煎来特别鲜美，给我整整一盘，我都能吃得下去。鲌鱼很肥，肉略带甜味，味道比新鲜沙丁鱼还好，而且一点都不腻。我们连鱼肉带鱼刺一齐吃下去。

鲌鱼烧得味道最佳的地方之一是建造在河面上的一家露天餐馆，名叫"神奇渔场"，在巴默东那边。我们只要有钱出门时就去那里吃饭，尝尝那里醇厚的麝香葡萄酒。那地方仿佛是莫泊桑小说里的场景，河面景色又像西斯莱①的一幅画。要吃鲌鱼，不用跑那么远也能吃上，圣路易岛上就有味道鲜美的煎鲌鱼。

我认识几个常在圣路易岛和韦尔加朗广场之间鱼群聚集的塞纳河水域钓鱼的人。天气晴朗时，我常常买上一升葡萄酒、一个面包、几条香肠，带去一本新买的书，坐在阳光下边读边看他们钓鱼。

游记作者往往把塞纳河的垂钓人写得像一群痴人，整天泡在那里一无所获；实际上他们是在认认真真地钓鱼，而且收益还不小。钓鱼人大部分都只靠微薄的养老金度

① 阿尔弗雷德·西斯莱（1839—1899），法国风景画家。

日，当时还没料到通货膨胀会使养老金变得一文不值呢。还有一些是每逢全天或半天的休息日便来此地的钓鱼迷。在马恩河汇入塞纳河的夏兰顿以及巴黎两头都有比这更好的钓鱼点，不过巴黎市内也有很不错的钓鱼场所。我没有钓鱼是因为缺乏钓具，还想把钱留到西班牙去钓鱼。再说，我不知道什么时候能结束一天的工作，也不知道什么时候就得出行。钓鱼有得意的时候，也有倒霉的时候，所以我不想使自己入迷。不过我常去看人钓鱼，觉得很有意思，学会一点还很有好处。每当我看到市内居然也有人钓鱼，而且钓得那么专注、那么认真，还能带回一些煎鱼去和家人同享，我就感到十分高兴。

塞纳河上渔人垂钓，生趣盎然，漂亮的驳船上忙忙碌碌，放倒烟筒驶过桥下的拖船曳了一串小货船，石砌的河岸上有高大的榆树、法国梧桐，有几处是白杨树——有了这一切，我在河边就永远不会感到寂寞。从市内这么多的树木身上，你每天都能看出春天临近的迹象，直到一夜暖风忽起，次日清晨就春到人间了。有时，寒冷的瓢泼大雨又会把春天赶回去，仿佛永远不会再来，你的一生中就少了这一春。这是巴黎唯一令人忧伤的时节，因为违反了天时。秋天，人会变得忧郁，这是常情。每年树叶凋零，只剩下裸露的树枝挺立在寒风冷日之中，这时你身体的一部分也随之死去了。但你知道春天总会到来的，封冻过的河水也会再度流动。如果阵阵寒雨下个不停，竟逼走了春天，那就像一个青春少年无缘无故地被害死了一样。

不过，那时候每年的春天最后总算还是来了，然而，想到春天几乎遭遇不测，不禁令人心惊。

虚假的春天

　　春天一到，即使是虚假的春天，一切忧虑也会随即消散，只剩下到哪儿才能过得最愉快这个问题了。唯一能破坏一天的兴致的就是来客人，只要你能避免约见来客，每天再没有别的不便了。心情愉快的时候最讨厌别人的打扰，只有极少数像春天一样美好的人才是例外。

　　春天的早晨，我常常很早就开始工作，而妻子还在酣睡。窗户都敞开着，淋过雨后的鹅卵石街道渐渐干了。太阳照到窗户对过的房屋，潮湿的墙也正被太阳晒干。商店的百叶窗还没打开。牧羊人吹起风笛沿街走来。我们家楼上的一个女人端了一只大罐走到人行道上。牧羊人挑了一只奶头鼓鼓的黑母羊，把羊奶挤进罐里。他的狗在一旁把其余的羊赶上人行道。这群羊像来观光的游客似的转动脖子，四下张望。牧羊人从那个女人手里接过钱，向她道谢，继续吹起风笛向前走去。羊群在狗驱赶下跑在前面，羊角上下颠动。我回头继续写作。那个女人端着羊奶上了楼。她穿一双毡底便鞋，我只听见她走到我们家门外的楼梯上停下来喘气，随后听到她关门的声音。我们楼里只有她买羊奶。

我决定下楼去买一份赛马晨报。再穷的住宅区也至少有一份赛马报，不过像这样的日子就得一大早去买才行。我在护墙广场角落上的笛卡尔路买到一份。羊群沿笛卡尔路走去，我吸了几口新鲜空气，快步走回家，急着上楼去把工作干完。刚才我真想留在外面，跟随羊群走过清晨的街道。不过，我重新工作之前还是先看了报纸。昂甘正在举行赛马。那是个漂亮的小型赛马场，是个圈外人聚集、扒手出没的地方。

好吧，今天的工作做完后，我们就去看赛马。我担任记者的那家多伦多报纸汇来了一笔钱，有合适的机会我们就想大胆押一次赌。有一次在奥特伊尔，我妻子赌了一匹名叫"金山羊"的马，获胜的机会是一百二十比一。那匹马领先了一箭多地，但在最后一次腾跃时摔倒了，够我们过六个月的一点积蓄便随之输掉。我们尽量不去想它。那一年，我们在赌"金山羊"之前一直都是赢钱的。

"我们真有那么多钱去下赌注吗，塔迪？"妻子问道。

"没有。我们得按手头的钱计算着花。这笔钱你想用在什么地方呢？"

"我呀……"她没有说下去。

"我知道。这段时间一直很苦，我把钱抠得太紧了。"

"没有，"她说，"不过——"

我知道自己苛刻得厉害，也知道日子相当艰难。埋头工作并从中得到乐趣的人是不会受到贫困侵扰的。我觉得澡盆、淋浴、抽水马桶这些是地位比我们低的人才有的东西，或者在外出旅行（我们也常出去）时享受享受就行了。洗澡随时都可以到河边那条街街尾的公共浴室去。对这些事，我妻子从来没有怨言，"金山羊"摔倒时也一样。我记得她哭是哭了，不过不是为了钱，而是心疼那匹马。她需要一件灰羊皮外衣，我却说了蠢话，可她自己买来以后，我又很喜欢。我在其他事情上也显得很蠢。这些都是为了抗御贫困，想战胜贫困就得不乱花钱。不买衣服要买画的人尤其要这样。不过那时候我们从不觉得自己是穷人。我们不承认这一点。我们认为我们是高尚的人，而我们所鄙视、所不信任的人则很富有。就是不该信任他们。我从来没有觉得在里面多穿几件棉毛衫来御寒有什么奇怪，只有那些富人才会觉得可笑。我们粗茶淡饭，吃得很香；我们暖融融地在一起，睡得很舒适；我们深深地相爱。

"我想我们应该去，"妻子说，"好久没有去了。自己带午饭，带点儿葡萄酒。我来做好吃的三明治。"

"我们就坐火车去，那样便宜一些。不过你要是觉得不该去，那就不去。今天不管干什么都会很高兴的。这天气真好。"

"我想我们应该去。"

"你不想把钱用在别处了？"

"不了，不看看我们是什么人。"她骄傲地说。她那漂亮的高颧骨正适合这副骄傲的表情。

于是，我们乘火车从北站出发，经过城里最肮脏、最阴暗的地区，然后从铁路的侧线走进赛马场的草地。时间还早，我们把雨衣铺在新整修过的斜草坪上，坐下来吃午饭，一边对着瓶口喝酒，一边四下张望。正面的看台已经陈旧，木制的赌票间是棕色的；跑道上一片绿茵，横着不少墨绿色的跳栅、粼粼闪光的障碍水洼、雪白的石墙、起跑标和栅栏；围场边上的树木绽出了新叶，第一批马被牵进来遛圈了。我们又喝了几口酒，我细读报上的赛马程序，妻子躺在雨衣上假寐，让阳光照在脸上。我走进围场，找到了一个在米兰的圣西罗时认识的人。他指给我两匹马。

"记着，靠这两匹马赚不了大钱。不过也别让赌价把你吓倒。"

我们把手头半数的钱押在第一匹马上，结果赢了，对方按十二比一的价付了钱。那马越障非常漂亮，在对面跑道超过其他马匹，领先四个马身到达终点。我们把押得的钱留存一半，另一半押在第二匹马上。这匹马冲到前面，在跳栅和平地上都领先，刚刚冲到终点，最有希望获胜的那匹马就双鞭飞甩，紧跟上来了。

我们走到看台下的酒柜前要了一杯香槟酒，等待赌价出来。

"唉，赛马是让人够受的，"妻子说，"你看见那匹马紧追的样子了吗？"

"我到现在心里还紧张呢。"

"这匹马能获利多少？"

"牌价标的是十八比一，不过他们也可能是到最后才下的注。"

赛完的马群走了过去，我们的那匹马浑身湿淋淋的，张大鼻孔喘气，骑师轻轻地拍打着马背。

"马真可怜，"妻子说，"我们却只是下注。"

看着马群过去之后，我们又喝了一杯香槟酒。不一会儿，获胜的价钱出来了：85。这就是说，我们买了十法郎的赌票，获利是八十五法郎。

"他们一定是在最后又押上了不少钱。"我说。

我们赢了一笔钱，为数很可观。现在我们既享受到了春天，又有了钱。我觉得这就足够了。像这样过上一天，如果把钱分成四份，两个人各花一份，剩下一半留作赛马基金。我把赛马基金和别的费用分开，悄悄地藏了起来。

过了一段时间，还是那一年，有一天我们刚从外面旅行回来，又在一个赛马场上交了好运，因此在回家的路上停在普律尼埃饭店门口，把橱窗里明码标价的精美食品全都看了一遍，然后进了酒吧间，坐下来喝了几杯雪利酒，吃了牡蛎和墨西哥螃蟹。我们在夜幕中向家里走去，穿过杜伊勒里宫时，停下来，透过卡鲁塞尔凯旋门①眺望黑暗之中的花园。这宫中夜色的后面是协和广场的明灯，再往后就是一长溜渐渐升高、通向凯旋门②的路灯。回头再看看黑黝黝的罗浮宫，我说："你真觉得三座拱门是连成一线的吗？这两座，还有米兰的赛穆瓦纳拱门？"

———————————

① 巴黎有好几座凯旋门，卡鲁塞尔凯旋门是其中之一，又称小凯旋门，位于罗浮宫对面。——编者注

② 此处的旋旋门即雄狮凯旋门，位于戴高乐广场中央，是巴黎最大的凯旋门，也是世界上最大的圆拱门。——编者注

"我不知道，塔迪。有人这么说，他们应该知道。你还记得吗，那次我们在雪地里翻过山峰，来到圣伯纳德山口的意大利一侧，一下子进入了春天，你、钦克和我一起在春天的景色里走了一天，一直走到奥斯塔市？"

"钦克说那是'穿着逛大街的鞋翻越圣伯纳德山口'。还记得你的鞋吗？"

"那双鞋真可怜。你记不记得我们在加莱里的比菲餐厅吃什锦水果，把卡普里酒、新摘的桃子和野草莓放进一只盛冰的大玻璃罐里？"

"我就是那时候开始琢磨这三座拱门的。"

"我还记得赛穆瓦纳拱门，和这座拱门有点像。"

"你记不记得阿格尔的小旅店？那天我在钓鱼，你和钦克坐在花园里看书？"

"记得，塔迪。"

我想起了狭窄的罗讷河，河水是灰色的，到处漂浮着雪块，河的两边是斯托卡普和罗讷这两条盛产鳟鱼的运河。那天斯托卡普运河确实很清澈，但罗讷运河仍然很混浊。

"你还记得吗，七叶树开花的时候，我努力回忆一个关于紫藤蔓的故事，好像是吉姆·甘布尔给我讲的，可怎么也想不起来？"

"记得，塔迪。你和钦克总是谈论如何使情节富有真实性，如何付诸文字，还有如何正确表达，不加任何描写。我什么都记得。有时他对了，有时是你对。我还记得你们争论是什么灯光、结构和外形等等。"

这时我们已经穿过罗浮宫，出了大门，穿过外面的街道，来到桥上，我们靠着石栏杆看桥下的河水。

哈德莉说："我们三个人无论什么事都争论一番，而且总是争论具体问题，还互相开玩笑。那次旅行我们做了些什么，说了些什么，我全都记得一清二楚。真的，我什么都记得。你和钦克谈天的时候也有我的份，不像在斯泰因小姐家那样只当夫人。"

"要是我能想起那个紫藤蔓的故事来就好了。"

"塔迪，那故事没什么关系，主要是那种藤蔓。"

"你还记得我从阿格尔带回小木屋的葡萄酒吗？那是旅店卖给我们的，说就着鳟鱼喝最好。好像是用几张《洛桑日报》包起来带回去的。"

"塞恩葡萄酒比这还要好。你记不记得，我们回到小木屋时甘奇维希夫人已经把奶汁鳟鱼都烧好了？那鳟鱼好吃极了，塔迪，我们坐在外面的门廊上，喝塞恩葡萄酒，吃饭，脚下是倾斜的山坡，放眼向湖对岸望去，可以看见积雪覆盖到半山腰的南山和罗讷河入湖口的树木。"

"我们在冬春两季总是很想念钦克。"

"是啊。可现在春天已经过去了，我还在想他。"

钦克是个职业军人，从陆军军官学校毕业后就到蒙斯去了。我第一次见到他是在意大利，后来他就成了我最好的朋友，在很长一段时间里也是我和我妻子最好的朋友。那时候他总是来我们家度假。

"他准备想办法搞到明年春天的休假。他上星期从科隆来了一封信。"

"我知道。我们现在还是应该享受眼前的生活，一分一秒都不要放过。"

"我们看的是河水打到墙边的地方。再往上游看看有什么东西。"

我们向上游望去，一切都在眼前：我们的河，我们的城市，还有我们城里的小岛。

"我们太幸运了，"她说，"但愿钦克能来。他常常照顾我们。"

"他可不这样想。"

"那当然。"

"他觉得我们是在共同探险。"

"不错，不过也得看探什么险。"

我们过了桥，来到我们家这边的河岸上。

"你又饿了？"我问道，"就我们俩。谈啊，谈不完的话。"

"自然啦，塔迪。你不饿吗？"

"我们找一家大饭馆去吃一顿真正像样的饭。"

"去哪儿？"

"米肖饭店？"

"好极了，而且很近。"

我们沿教皇路来到雅各布路拐角，走走停停，看看橱窗里的画和家具。我们站在米肖饭店外面看了看贴出来的菜谱。饭店里十分拥挤，我们等候顾客出来，眼睛注视那几张已经上了咖啡的桌子。

走了一段路，肚子又饿了；同时，在米肖这么昂贵的饭店里吃饭使我们很兴奋。那次乔伊斯就在这里和他一家人吃饭：他和妻子诺拉靠墙坐着，乔伊斯一手举起菜谱，透过厚厚的眼镜片审视；他身边是诺拉，她胃口很好，只是有些挑食；乔吉欧身材瘦弱，从背后看去只见头发锃亮，一副纨绔子弟的气派；吕西娅还是个未成年的小姑娘，烫了一头密密的卷发；他们全都说意大利语。

站在那里，我不禁怀疑起我们在桥上的感觉有多少是单纯的肚子饿。我问妻子，她说："我不知道，塔迪。饥饿的种类太多了，到了春天就更多。不过春天已经过去了。回忆也是一种饥饿。"

我真傻。透过窗户看见侍者为顾客端上两份腓里牛排，我知道自己就是肚子饿。

"你说过我们今天很幸运，那是自然的，不过我们还得到了正确的消息和建议呢。"

她笑了起来。

"我说的不是赛马。你的脑子真死板。我说的是别的事情走运。"

"我觉得钦克不喜欢赛马。"我这一说就越发显得傻了。

"是不喜欢，除非他自己骑在马上。"

"你不想再去赛马了？"

"当然想去。而且现在我们又可以想什么时候去就什么时候去了。"

"你真想去？"

"那还用说。你也想去，是不是？"

进了米肖饭店，我们觉得吃的那顿饭丰盛极了，吃完饭，肚子饿的问题已不存在，可是上公共汽车回家时，在桥上类似饥饿的那种感觉还没有消失。一直到进了家门、上了床，在黑暗中温存一番以后，那种感觉依然存在。夜里我蒙眬醒来时，敞开的窗户外，月光照在高楼大厦的屋顶上，那种感觉还在。我把脸从月光下移到阴影里，但是睡不着，就躺着想这件事。夜里我们俩都醒过两次，现在，妻子睡得很甜，月光照在她脸上。我必须想出个所以然来，但我太笨了。那天早晨我刚醒来的时候，生活显得多么简单啊，我看见了虚假的春天，听到了牧羊人的风笛，还出去买了一张赛马报。

然而，巴黎是一个古老的城市，我们又很年轻，这里没有一件事情是简单的，甚至连我们碰到的贫困，突然挣到的一笔钱，头上的月光，事情的正误，还有躺在你身边、在月光下熟睡的人的呼吸声，都不那么简单。

1924年海明威在巴黎左岸的寓所中 ／

一项嗜好的完结

那一年和以后的几年里，在我起早写作之后，我们又一起到赛马场去了很多次。哈德莉很喜欢赛马，有时甚至着了迷。然而，这毕竟不是在森林线以上的高山草地爬山，也不像在夜里走回我们安家的小木屋，更不像和我们最好的朋友钦克一起翻过高山上的隘口，进入另一个国家。这实际上也不是真正的赛马，而是在马身上打赌。但我们仍叫作赛马。

赛马从未给我们之间带来隔阂，只有人才能使我们疏远；但很长一段时间它一直像个难以打发的朋友一样紧随我们。这样看待赛马是够宽容的了。我，一个一向疾恶如仇、提防被人勾引堕落的人，居然容忍了这个披着最漂亮、最诱人的外衣，事实上却是虚伪至极、恶毒至极的赖皮朋友，究其原因，就是因为它能使我发财。要靠赛马发财就得把全部时间都花上去，我可没那么多时间。但我又自我辩解道，我描写了赛马。其实到头来，一切作品都遗失了，描写赛马的小说也只剩下刚好付邮了的一篇。

现在我单独去赛马场的次数增多了，对赛马简直着了迷，而且越陷越深了。在赛马季节，只要有办法，我就在奥代伊尔和昂甘两个赛马场都下注。谁要想巧妙地把不利和有利条件算准，他就得把全部时间都花上去，而那样是赚不了钱的。从理论上讲就是这么回事。有专门登载这些条件的报纸，你去买一份就行了。

在奥代伊尔，要看障碍赛马就得到看台顶端去，还得飞快向上爬才能看清每一匹马的动作，那一匹眼看要赢的马又没有取胜，为什么本来可赢而终于失利。每次你下注的那匹马准备比赛了，你就得注视赌价和比值的所有变化，还得看着那马跑得怎样，了解驯马师什么时候让它试赛。试赛时它很可能每次都被击败，不过这一来你就知道它获胜的希望如何了。这样干很累人，但在奥代伊尔，只要能到场，看各方骏马参加公正而诚实的比赛，那的确是一大乐事。渐渐地你就会对跑马场有了了解，甚至比你认识的任何地方都更熟悉。最后你还能结识很多人，像骑师、驯马师、马的主人等等，你对马的情况等等也就会了如指掌了。

我一般只是在有合适的马时才去打赌，不过有时候我也在一些除了亲自训练它们的骑师以外谁也不相信的马身上下赌注，果然接连获胜。最后我洗手不干了，因为太费时间，我越陷越深，对于昂甘和无障碍赛马场上的情况也太熟悉了。

我放弃赛马时心里虽然高兴，但又产生了一种空虚感。这使我明白，一项爱好，无论好坏，在你放弃以后都会留下一种空虚感。假如是坏的爱好，这种空虚会自动弥合；假如是有益的爱好，你只能找一项更能吸引你的爱好才能填补这种空虚。我把赛马用的资金放回其他款项里，心头如释重负，感到很愉快。

决定放弃赛马那天，我来到河对岸的保证金信用所，在"旅行"柜台上碰上了我的朋友麦克·华德。当时这个信用所还在意大利林荫道上的意大利路拐角上。我正在把赛马用的钱存进去，但我谁也没告诉，存折上又没有写明，不过自己明白就是了。

"想去吃午饭吗？"我问麦克。

"当然啦，小伙子。我倒是走得开。怎么了？你不去赛马场啦？"

"不去了。"

我们来到卢弗瓦广场，在一家很不错的普通酒馆吃了午饭，喝了极醇厚的白葡萄酒。广场对面是国家图书馆。

"你一向不大去赛马场的，麦克。"我说。

"是啊，很久没去了。"

"你为什么不去？"

"不知道，"麦克说，"不，我当然知道。凡是必须自己下注才觉得有意思的事情是不值得去看的。"

"你一次也不去？"

"有时候去看重要的比赛，有名马参加的。"

我们在酒馆做的松软的面包上涂上酱，喝着葡萄酒。

"以前你关心赛马的消息吗，麦克？"

"噢，是的。"

"你觉得比赛马更有意思的是什么？"

"自行车赛。"

"真的？"

"赛车不用下赌注，看就行了。"

"赛马很费时间。"

"太费时间了。把时间全占了。我不喜欢那批人。"

"以前我兴趣大得很。"

"是啊。你改了以后还顺利吧？"

"还好。"

"放弃它是件好事。"麦克说。

"我已经放弃了。"

"不容易啊。听着，小伙子，有机会我们一起去看看自行车赛。"

这是一项新鲜而有趣的活动，对我来说还很陌生。不过我们并没有马上去看赛车。那是以后的事。在我们的巴黎生涯的第一阶段过去之后，车赛就成了我们俩生活中的一个重要内容。

不过，有很长一段时间，我需要做的只是回到我们在巴黎的小天地里，躲开赛马场，把精力花在自己的生活和工作上，不去靠赌博为生，还拿别的名头做掩护。我试着写过许多描写自行车赛的小说，但没有一篇能够再现室内、室外赛场和越野赛那种激动人心的场面。不过，我将来一定要写出午后穿透烟雾的阳光照在冬季赛车场上的景色，写出倾斜的木板赛车道和车子轮胎驰过时压在木板上的嘎嘎声，写出各个选手向上蹬、向下冲的技巧和付出的力量，每个人都像和他的车融为一体了；我要写出八百至三千米赛车的神奇魅力，写出摩托车的轰鸣声，写出跟在后面、驾驶拖斗车的教练员，他们头戴厚厚的防护罩，身穿笨重的皮夹克，身子后仰，为后面的自行车挡住迎面冲来的气流，自行车选手头戴轻型防护盔，俯身伏在车把上，双腿蹬动扣链齿轮，小前轮几乎碰上了前面为他们挡住气流的摩托车拖斗，还要写出那最激动人心的决赛，摩托车轰轰震响，骑车人胳膊相挨，轮子互碰，以全速上下绕围奔驰，终于有人掉队，迎面撞上原先被挡住的那股强大气流。

赛车的种类多极了。直线短程赛分预赛和决赛两种。在决赛中，两名选手往往在车上平衡达数秒钟之久，争取让对手陷于领先蹬出的不利地位，然后慢慢绕圈跟上，最后以最大速度冲刺。其他项目包括两小时行程的团体赛，下午再安排各项短程预赛，还有孤零零的单人全速一小时测速赛和极其危险但非常壮观的一百公里远程赛。这种比赛常在蒙特鲁日的大型露天体育场"水牛"体育场举行，自行车紧跟在大型摩托车后面，飞驰在木制的五百米碗形倾斜赛车道上，竞赛中，大名鼎鼎的冠军保持者、比利时人林纳特（他从侧面看很像苏厄部落的印第安人，因而得了个绰号叫"苏厄人"）在接近终点、疯狂加速时便低头从赛车服里的一根橡皮管里吸一口由热水瓶保温的白兰地。我还要描写法国的自行车锦标赛，自行车跟在摩托车后面，行驶在奥代伊尔普兰斯公园里六百六十米的水泥赛车道上，那是最害人的一条赛车道，我们亲眼看见著名选手加纳在那里栽倒，听见他的头骨在防护盔里碎裂的声音，就像野餐时在石头上敲碎一只煮熟的鸡蛋。我一定要描写六天行程的车赛的奇妙景象和在山区举行的自行车公路赛的精彩场面。直到现在，唯一正确地描写了自行车赛的语言还是法语，通用的术语也全部是法语词汇，因此我们写起来就很困难。麦克说得对，赛车不必下赌注。不过看赛车是巴黎生活中另一段时间的事了。

饥饿是有益的磨炼

巴黎所有的食品店都在橱窗里摆设了精美诱人的食品，大家还在人行道上的桌子边进食，要是你有一点没吃饱，看到、闻到这么多吃的，就更觉得饥肠辘辘了。像我这样已经放弃了新闻记者职业，写的东西连美国也没人买的人，在家里打招呼说到外面和别人一起吃午饭，那么最适合的地方就是去卢森堡公园，因为那里从观象台广场一直到沃吉拉德路都见不到、闻不着食品。你在那里随时都可以到卢森堡博物馆去，而肚子里饿得咕咕叫反而会使你觉得那里所有的油画都变得格外醒目、格外清晰，也更加美丽了。我就是在饥肠辘辘的时候学会了更加深刻地理解塞尚的作品和真正弄懂他描绘自然风景的方法的。我时常猜想他是不是也饿着肚子作画；但我又想，也许他只不过是忘了吃饭罢了。人在失眠或者饥饿的时候常常产生这一类的想法，虽然不切实际，但很发人深省。后来我想，塞尚大概是在别的方面感到饥饿吧。

出了卢森堡博物馆，沿狭窄的费罗路走过去就是圣绪尔比斯广场。这里还是没有饭馆，静静的广场上只有长凳和树木。广场上有一处狮像喷泉，鸽子在人行道上踱步，有几只停在主教们的塑像上。那里有座教堂，广场北边是几家专卖宗教用品和法衣的商店。

从这个广场向河边走，就不能不经过出售水果、蔬菜、酒类的商店和面包店、点心店了。不过，仔细挑选一下路线还是可以躲开大多数食品店而到达西尔维娅·比奇的图书馆的，向右绕过灰砖白石的教堂来到奥德翁路，再向右转弯就到了。奥德翁路上没有饭馆，一直要走到广场上才有三家。

走到奥德翁路12号时，肚子已经不觉得太饿，但全部的感官反而灵敏起来。墙上的照片仿佛变了样子，眼前也出现了以前从未见过的书籍。

"你太瘦了，海明威，"西尔维娅常常这么说，"你最近每天都吃饱饭吗？"

"当然啦。"

保罗·塞尚
Paul Cézanne

1839—1906

法国著名画家，后期印象派主将，是印象派到立体主义之间的重要画家，被誉为"现代艺术之父""造型之父"或"现代绘画之父"。

"你中午吃的什么？"

我肚子饿得要命，却说："我这就回家吃午饭去。"

"三点钟吃午饭？"

"我不知道已经这么晚了。"

"阿德里安娜前几天晚上说过她想请你和哈德莉吃顿饭。我们还想请法盖伊。你挺喜欢法盖伊这个人的吧？要不就请拉博。你喜欢他的，这我知道。或者请随便哪一个你真正喜欢的人。你告诉哈德莉好吗？"

"我想她一定很愿意来。"

"我再给她发一封快信。你现在吃得不好，就不要那么刻苦地工作了。"

"好吧。"

"现在你还是快点儿回家，不要误了午饭。"

"他们会给我留的。"

"也别吃凉菜凉饭。午饭要吃得好一些，要吃热的。"

"有我的信吗？"

"大概没有。我再看看吧。"

她找了一找，发现了一张便条，笑着抬头看了看，随即打开了她桌上的一个小橱门。

"这是在我出去的时候来的。"她说。那是一封信，摸起来像是里面有钱。"是韦德考普。"西尔维娅说。

"那一定是《综观》杂志寄来的。你见到韦德考普了吗?"

"没有。不过他和乔治到这里来过。他会找你的。别着急。也许他想先把钱付给你。"

"这里有六百法郎。信上说还要再给的。"

"多亏你提醒我找一找。你真是个好心的先生。"

"我的书只有在德国才卖得出去,真可笑。我只能卖给韦德考普和《法兰克福报》。"

"是吗?不过你千万别着急。你把小说卖给福特也可以。"她开玩笑似的说。

"一页只有三十法郎。假如每三个月在《大西洋彼岸评论》上发表一个短篇,那么五页长的短篇一个季度是一百五十法郎,一年六百法郎。"

"可是,海明威,不要计较你的小说眼下得钱多少,关键在于你能够写作,这就行了。"

"我知道。我能写小说,但没有人买。我不当记者以后一个钱都没有收入过。"

"你的小说会有销路的。瞧,这不就有一篇小说的稿酬了嘛。"

"对不起,西尔维娅。原谅我提起这些事。"

"原谅你什么?我反正天天不谈这些就谈那些。你难道不知道所有的作家都免不了成天诉苦吗？好了，你得保证不再发愁，而且要把饭吃饱。"

"我保证。"

"那就赶快回家吃午饭去吧。"

一出来，到了奥德翁路上，我想到自己竟然在别人面前诉苦，不禁感到十分羞愧。明明是我自己愿意这样做的，可又做得那么笨拙。我还不如买上一块大面包来吃了，不省那顿饭呢。我简直都能想象到那诱人的咖啡色面包壳的味道。不过不喝点什么，光这么吃，嘴也太干了。你这个该死的牢骚鬼。我骂自己：你这个肮脏的假圣人、假殉道者，你自己愿意放弃记者职业。你有信用，要找西尔维娅借钱的话，她刚才就借给你了。她都借给你好多次了。没错。下一步你就得在别的事情上牺牲一点。饥饿是件好事，饿的时候那些画看起来的确比平常好。吃饭也是一件大好事，可你知道现在你要去哪儿吃饭吗？

你要到利普餐馆去喝酒、吃饭。

我快步走向利普餐馆。每经过一处我的胃都知道，简直比我的眼睛和鼻子还要灵敏，这样越走就越高兴。这家啤酒餐馆里人很少，我在靠墙的一张凳子上坐下，背后有面镜子，面前是饭桌。侍者问我要不要啤酒，我要了一升装的大杯啤酒，还要了马铃薯色拉。

啤酒冰凉，喝下去舒服极了。油酥苹果做得很脆，浇上了腌泡汁，橄榄油香得很。我在土豆上抹了黑胡椒，把面包蘸上橄榄油，先喝了一大口啤酒，然后慢慢地吃喝。吃完之后，我又要了一份油酥苹果和一盘熏香肠。这根香肠有点儿像劈成两半的牛肉小香肠，浇了一层特制的芥末酱。

我拿面包把盘子里的油和芥末酱抹得一干二净，慢慢喝啤酒，到酒已失去凉意时便一口喝干。然后又要了一杯，看酒倒在杯里，好像比大杯啤酒更凉。我喝下半杯。

我想，我并没有发愁。我知道我的短篇小说写得不错，将来在美国总会有人出版的。我辞掉记者工作的时候满以为我的短篇小说能够出版，可是我寄出去的每一篇都退了回来。我当时那么自信的原因是爱德华·奥布里恩把《我的老头子》收入了《最佳短篇小说选》，还把那一年的集子题词献给我。想到这里，我笑了，再喝一口啤酒。那篇小说从未在杂志上发表过，他却破例收入集子。我又笑了起来。侍者瞥了我一眼。是很可笑的，因为他费了那么大劲，结果却把我的名字拼错了。这是我的作品全部遗失后仅存的两篇小说中的一篇。那次哈德莉把我的原稿都放进手提箱，想出其不意地为我带到洛桑，让我在山区度假时修改。她把原稿、打字稿和复印稿全部夹在马尼拉纸文

件夹里，放进箱子，结果箱子在里昂车站被盗走了。这篇
小说得以幸存的唯一原因是林肯·斯蒂芬斯把它寄给了某
个编辑，后来又退回来了。所有其他稿子都被偷走的时
候，它正在邮路上呢。我保存的另一篇小说是斯泰因小姐
来我家做客之前写的，名叫《在密歇根北部》。我一直没
让人复写，因为她说它"不登大雅之堂"。我便把它丢在
某个抽屉里。

　　我们离开洛桑到意大利以后，我把那篇写赛马的小说
交给了奥布里恩。他是个温和、腼腆的人，淡蓝色的眼
睛、苍白的脸色，整齐平直的头发是他自己理的。那时他
寄居在拉帕洛的一座修道院里。那段时间十分倒运，我甚
至都觉得自己再也不出东西了，所以就把那篇小说当一件
古玩给他看。这有点像某个人傻乎乎地把一艘莫名其妙地
沉没了的船上的罗经柜拿出来供人欣赏，又好像一个人的
腿被压碎截去了，却给断腿穿上靴子拿来开心。然而，他
读这篇小说时，我看得出来，他比我更难过。除了死亡和
无法忍受的痛苦以外，我还从没见过什么事使得一个人这
么难受。唯一的例外是哈德莉告诉我东西丢了时的那种样
子。她哭了又哭，可就是说不出来。我对她说：再可怕的
事也不至于说不出来，不管是什么事都不要紧，不用害
怕。我们会想出办法来的。她这才告诉了我。我心想她怎

么也不会把复印本也放进箱子里带来的，于是雇了一个人替代一下我的记者工作（当时我干记者的收入很不错），自己乘火车去了巴黎。她说的话是真的。我还记得那天晚上我走进家里，发现复印本确实丢了时，我都干了些什么事。现在事情已经过去了，钦克曾经告诉我永远不提已经失去了的东西；我就劝奥布里恩不要太难过。丢了早期的作品对我也许还有好处，我还对他大讲了一通类似鼓舞部队士气的话。我说，我要重新开始创作小说，尽管我当时说这话只是想哄哄他，让他不要太难过，可我心里知道我会这么做的。

坐在利普餐馆里，我又回忆起作品丢失以后我写出第一篇小说是在什么时候。是在科蒂纳丹佩佐，当时我为了到莱茵兰和鲁尔去采访而不得不中断在那里的春季滑雪。回来同哈德莉重聚时写的这篇小说题为《不合时宜》，情节非常简单，我还略去了老头子上吊自杀这个真实的结局。略去这一点是根据我的一种新理论，就是：你可以删去小说中的任何情节，只要你心里有数，而且知道删掉的部分能加强小说的感染力，使人感到意味无穷就是了。

是啊，我想，现在我写出了这样的小说，可是人们都看不懂。这是无可怀疑的。几乎可以肯定没有人要我写的东西。不过，大家总会理解我的作品的，就像他们对于绘画的一贯态度一样。需要的只是时间和信心。

　　在你不得不规定自己只吃个半饱的时候，必须控制住自己，不要老是想肚子有多饿。饥饿是有益的磨炼，你可以从中学到不少东西。只要别人还不明白这一点，你就比他们高明。噢，当然啦，我现在比他们高明得太多了，所以弄得有一顿没一顿。让他们追上来一点儿也好。

　　我知道我必须写一部长篇小说。不过目前看来还不可能，因为我仍在努力写出可能构成长篇小说的段落素材，但困难相当大。现在我应该写写稍长一些的短篇，就像练习距离稍长的赛跑一样。以前我写过一部长篇小说，那时我还保有童年的抒情能力，然而童年却像青春一样稍纵即逝，使人上当。那部小说放在手提箱里，在里昂火车站被偷走了。我知道丢了也许是件好事，但我也知道我必须再写一部长篇小说。不过我得尽量推迟到不得不动笔时为止。要是我为了能吃饱饭而去写长篇小说，那我就太没有志气了。我不得不写的时候也就是除此之外绝无他途的时候。让这种压力慢慢增加，我得先根据我最熟悉的题材写一篇中篇小说。

　　想到这里，我已经付完了账，走出餐馆，向右穿过勒纳路（这样可以不经过双偶咖啡馆，不去喝咖啡），沿波拿巴路这条最短的路线走回家去。

除了在已经遗失的作品里描写过的东西，我最熟悉的题材还有哪些？我真正了解、真正关心的是什么？这里根本没有选择的余地。唯一可以选择的是走哪条路能尽快回到你写作的地方去。我从波拿巴路走到居内迈街，再到阿萨斯路，沿香圣母院路来到丁香园。

我找了一个角落坐下，打开笔记本写起来，午后的阳光越过我的肩头照在桌上。侍者给我送来一杯奶油咖啡，凉了以后，我喝了半杯，把杯子放在桌上，继续写作。写完之后，我还不想离开河边。在这里，我能看见鳟鱼在水湾里游动，水面的涟漪轻轻拍打着桥下木桩加固的桥墩。我写的是战后还乡的事，但小说里没有提到战争。

然而，到明天早晨，这条河就会出现在小说里，我要把这条河、这田野和一切行将发生的事都写进去。日子还长，每天都可以这样写作。别的事都无关紧要。我的口袋里还有从德国汇来的钱，所以问题不大。这笔钱花完了，还会有其他收入。

现在我的任务就是要保持冷静、清晰的头脑，准备明天早晨再开始写作。

哈德莉和海明威 1922 年在瑞士的合影

　　海明威定居巴黎的初期，为《多伦多星报》撰写有关欧洲的报道。在四处采访的同时，他也常和哈德莉一起到各地旅行，业余时间埋头写作。可惜的是，1922 年 12 月，哈德莉去瑞士与海明威团聚时，不慎在火车上弄丢了装有海明威手稿的箱子，几乎把他已经写好的作品全部丢光。

福特·麦多克斯·福特[①]与魔鬼的门徒

我们住在香圣母院路113号锯木厂楼上的公寓时，丁香园咖啡馆是最近的一家高档咖啡馆，也是巴黎最好的咖啡馆之一。冬天坐在里面暖融融的，春秋两季却是在外面更舒服：把桌子放在内伊元帅塑像一边的树荫下，还可以坐在林荫大道旁宽大的遮篷下的固定方桌旁边。苍穹咖啡馆和圆亭咖啡馆的富翁从不光临丁香园，他们在这里没有熟人，来了也不会引人注目。那时许多人都故意到蒙巴那

[①] 福特·麦多克斯·福特（1873—1939），英国作家、编辑、批评家。原名福特·赫尔曼·休弗。十八岁出版第一部长篇小说，后与约瑟夫·康拉德合作写小说。1908年创办《英文评论》。第一次世界大战后改名为福特·麦多克斯·福特，移居巴黎，编辑《大西洋彼岸评论》，该刊发表过乔伊斯和海明威的作品。

斯和拉斯帕伊大街拐角上的几家咖啡馆去抛头露面，这些地方从某一方面说是在期待记者每天的报道而名垂后世的。

丁香园曾经是许多诗人常常聚会的一家咖啡馆，而最后一批诗人中的中心人物是保罗·福尔①，但我从未读过他的诗。我在那里只见过一个诗人，那就是布莱斯·桑德拉尔②。他的脸上满是打拳击落下的伤疤，一只空荡荡的袖管用别针向上别起，用一只好手卷烟卷。他没喝醉的时候和他在一起是很有意思的，哪怕他说瞎话都要比许多人认真讲故事有趣得多。那时去丁香园的诗人只有他，我在那里也只见过他一次。丁香园的大部分顾客都是留胡子的中年人，衣着相当破旧，带来的不是妻子便是情妇，有人翻领上挂有细长的红色荣誉勋章绶带，有的则没有。我们总希望他们全都是科学家或学者，但他们只买一瓶开胃饮料就坐下不走，泡在那里的时间简直和那些衣衫更为破旧、买一杯奶油咖啡占座位的人不相上下。这些人也带上妻子或者情妇，身上佩戴某学院的紫色绶带，但这学院和法兰西科学院毫不相干，我们觉得这样做大概是为了表明

---

① 保罗·福尔（1872—1960），法国诗人，象征派诗歌的先驱者。
② 布莱斯·桑德拉尔（1881—1961），瑞士出生的法语诗人。

他们的身份是教授或者讲师吧。

有这些人在，这个咖啡馆便成了很舒服的地方，因为他们互相之间很爱攀谈，也爱喝酒、喝茶、喝咖啡，爱看摆在报夹上的报纸杂志。没有人故意显示自己。

还有些住在那一带的人也常来丁香园，其中有几个在翻领上别有大战十字章，另一些人则挂着黄绿二色的军功奖章。我仔细打量他们，想看出他们如何克服伤残造成的不便，人造眼球的优劣和恢复面容的技术的高低。他们几近复原的脸上总是熠熠闪光，有点像压实了的滑雪道的反光。我们对他们比对那些学者、教授要尊重得多，尽管后者很可能也在军队里服过役，只不过没有经历过截肢罢了。

那时候我们对没有参加过大战的人一概不信任，不过我们对任何别的人也都是抱着怀疑的态度的。我们都很看不惯桑德拉尔，觉得他大可不必那样炫耀他那只断臂。他是午后就到丁香园的，那时候老顾客都还没来，我觉得这样还好一些。

那天傍晚，我坐在丁香园外的一张桌旁看着树上，房上的光线渐渐变暗，高大的马匹在林荫大道的外侧缓缓走过。这时我背后的咖啡馆大门向右打开了，一个人出了门，向我的桌子走来。

"啊，你在这儿。"他说。

他是福特·麦多克斯·福特。这是他当时用的名字。他大口喘气，唇上是染了色的大胡子，穿着讲究，像一只移动的、倒置的大圆桶。

"我可以在你这儿坐吗？"他说着就坐了下来。他的眼珠是淡蓝色的，在毫无血色的眼睑和淡淡的眉毛下望着外面的林荫大道。

"我为了能够用仁慈一些的方法杀掉那些畜生而努力了半辈子了。"他说。

"你告诉过我了。"

"好像没有。"

"肯定没错。"

"真奇怪。我可从来没对别人说过。"

"你喝杯酒好吗？"

侍者站在一边，福特说他要一瓶尚贝里黑醋栗酒。那侍者瘦高个子，秃头顶上盖着几绺光滑的头发，唇上留着过了时的龙骑兵式小胡子。他重复了一遍福特要的酒。

"不。要一瓶掺水白兰地。"福特说。

"给这位先生来一瓶掺水白兰地。"侍者重复道。

我以前和福特在一起时总是尽量不去看他，和他在同一间没开窗子的房间里时，每次靠近他我都屏住呼吸。不过现在是在露天，而且人行道旁的落叶是从我坐的这边吹向他那边的，我就仔细打量了他一阵，转念一想，又觉得不该这样做，便向林荫大道对面望去。光线又起了变化，可我没有看见。我尝了一口酒，看看他的到来是否把酒也搅臭了。但酒依然很香。

"你很阴郁。"他说。

"没有的事。"

"你就是很阴郁。你需要多出去玩玩。我顺便进这里来是为了请你去参加我们小小的晚会，地点在勒穆瓦纳红衣主教街的风笛舞厅。那地方很有意思，离护墙广场不远。"

"你最近这次到巴黎来之前我已经在那个舞厅的楼上住过两年了。"

"奇怪。你没弄错吧？"

"当然没错，"我说，"舞厅的主人有一辆出租汽车，有时我要赶飞机，他就开车送我到机场。去机场之前我们总要在舞厅的锌制餐柜前停一会儿，在黑暗中喝上一杯白葡萄酒再走。"

"我向来不喜欢飞行，"福特说，"你和你妻子就说好了星期六晚上到风笛舞厅来吧。晚会很热闹。我来给你画张地图，让你好找些。我还是碰巧才找到的。"

"就在勒穆瓦纳主红衣教街74号楼下，"我说，"我在三楼上住过。"

"那里没有门牌号码，"福特说，"不过找到了护墙广场就能找到那里。"

我又喝了一大口酒。侍者端来了福特要的酒，但福特说他拿错了。"我要的不是白兰地加苏打水，"他口气严厉地提醒侍者，"我要的是尚贝里苦艾酒加黑醋栗酒。"

"不要紧，让恩，"我说，"我要那瓶掺水白兰地。给这位先生拿他现在要的酒来。"

"我刚才要的。"福特纠正道。

正在这时，一个披斗篷的瘦子在人行道上走过。他和一个高个女子同行，朝我们桌子看了一眼，又把视线移开，继续沿着林荫大道走去。

"你看见我故意不睬他吗？"福特说，"你看见没有？"

"没有。你为什么故意不睬他？"

"他是贝洛克，"福特说，"瞧我把他弄得多尴尬！"

"我没看见，"我说，"你为什么不睬他？"

"理由多的是，"福特说，"瞧我把他弄得多尴尬！"

他兴高采烈至极。我从来没见过贝洛克，我觉得他刚才也没看见我们。他像是个独自沉思的人，几乎是机械地向我们桌子这边扫了一眼。福特故意对他无礼，我看了很不是滋味，因为我是刚开始学习写作的年轻人，对他那样的老作家是非常尊重的。这样的态度现在看来似乎不可理解，但那时却十分普遍。

我想，如果刚才贝洛克在我们桌前停留片刻，让我会会他，也许很有意思。看见福特使我一下午都不高兴，但我觉得贝洛克也许能缓和一下局面。

"你为什么喝白兰地？"福特问我，"你知不知道青年作家是绝对喝不得白兰地的？"

"我不常喝。"我说着，脑子里还在回想埃兹拉·庞德给我讲过的福特的事，一面告诫自己无论如何也不要怠慢他，而应当记住他是个很杰出的作家，他只是在非常疲倦的时候才说几句谎话，而且他的家事也闹得不可开交。我尽量迫使自己这样想，可是很难做到，因为福特本人沉重的身躯就在面前，粗声粗气，令人讨厌。不过我还是尽量这样想了。

"告诉我，一个人为什么要故意不睬他认识的人？"我问道。以前我一直以为这种事只有韦达①的小说里才有呢。韦达的小说我一本都看不下去。在瑞士滑雪的时候，能看的书都看完了，外面刮起了潮湿的南风，那里只剩下

————————————

① 韦达（1839—1908），英国女小说家。

战前留下的装订粗糙的韦达作品，可我还是没借来看。尽管没读过，但我凭第六感觉认定，她的小说里的人物都是互不理睬的。

"有教养的人就是应当不理睬无赖。"福特说。

我咕咚喝了一口白兰地。

"那么对于粗人要不要理睬呢？"我问。

"一个谦谦君子是不可能认识粗人的。"

"这么说你只能故意不理睬和你身份相当的熟人了？"我追问道。

"那当然。"

"有教养的人怎么会认识无赖呢？"

"可能是认识的时候不了解，也可能是那个人后来变成无赖了。"

"怎样的人才算无赖？"我问道，"是不是那种该揍的人？"

"不一定。"福特说。

"埃兹拉是个有教养的人吗？"我问。

"当然不是，"福特说，"他是美国人。"

"美国人就不能有教养了吗？"

"也许约翰・奎因算一个，"福特分辩道，"还有你们国家的一位大使。"

"麦伦·T. 赫里克①?"

"有可能。"

"亨利·詹姆斯②有教养吗?"

"只差一点儿。"

"你自己呢?"

"那还用问。我得过国王陛下的委任令。"

"还挺复杂的,"我说,"我是有教养的君子吗?"

"绝对不是。"福特说。

"那你为什么还和我一起喝酒?"

"因为我觉得你是一位有希望的青年作家,也可以说把你当作同行。"

"多谢好意。"我说。

"你要在意大利也许算一个有教养的君子。"福特显出很大方的样子说。

"那我不是无赖了?"

"当然不是,亲爱的小伙子。谁说你是了?"

"我有可能变成那种人,又喝白兰地,又干什么的,"我快快地说,"特罗洛普③笔下的哈里·哈斯布勋爵就是这

① 麦伦·T. 赫里克(1854—1929),美国外交家,曾任驻法大使。
② 亨利·詹姆斯(1843—1916),美国小说家、批评家。
③ 特罗洛普和下文的菲尔丁、马洛、多恩都是十六至十九世纪的英国文人。

样堕落的。你说特罗洛普算有教养的君子吗？"

"当然不算。"

"你敢肯定？"

"也许别人会有两种看法，可我决不含糊。"

"菲尔丁呢？他当过法官。"

"也许从职业上讲他算一个。"

"马洛呢？"

"当然不是。"

"约翰·多恩？"

"他是个牧师。"

"真有意思。"我说。

"你对这个感兴趣，我很高兴，"福特说，"我和你喝一杯掺水白兰地再走。"

福特走的时候天已黑了。我到报摊上买了一份《巴黎运动报》，这是赛马报下午版的最后一版，登有奥代伊尔赛马的结果和次日在昂甘的赛程。接让恩班的侍者埃米尔到我桌边来看奥代伊尔最后一场比赛的结果。我的一位好朋友走到我桌前坐下。他不常到丁香园来的。正当他向埃米尔要酒的时候，那个披斗篷的瘦子和高个儿女子在人行道上走过我们身边。

"那是伊莱尔·贝洛克，"我对我的朋友说，"下午福特在这里看见他故意不睬他，他够丢脸的。"

　　"别自作聪明了，"我的朋友说，"他叫阿莱斯特·克罗莱，是个恶魔。大家说他是世界上最邪恶的人。"

　　"对不起。"我说。

福特·麦多克斯·福特
Ford Madox Ford

1873—1939

福特出生于英国温布尔登。1908年他创立的《英文评论》是一本在当时的英语世界很有影响力的文学刊物，曾经发表过哈代、叶芝等人的作品。福特参加过第一次世界大战，退伍后移居巴黎。

1924年，福特在巴黎创办并主编文学月刊《大西洋彼岸评论》，刊登过二十世纪二十年代许多优秀作家的作品，如T.S.艾略特的诗，乔伊斯《芬尼根守灵夜》中的一部分，等等。但要让一本文学杂志生存下去在当时是十分困难的事，当福特忙着筹措资金时，杂志就交给海明威打理，使得这本刊物办得趣味盎然。即便如此，《大西洋彼岸评论》还是只出版了十二期就停刊了。

出现了一位新学者

几本蓝皮簿，两支铅笔，一个卷笔刀（用小刀削太浪费），一张大理石面桌子，清晨的新鲜空气，扫地，擦地板，还有幸运——这些就是你需要的全部东西。为了交好运，你就在右边衣袋里放上一根七叶树枝和一条兔子腿。兔子腿上的毛早已磨掉，骨头和腱也都锃亮了，脚爪钩住你的衣袋衬里，你就知道你的好运还在。

有些日子工作得心应手，笔下的乡村景色都写活了，仿佛能走进去一般：你穿过树林，经过一片开阔地，登上高坡，眺望望湖湾后面的山峰。忽然，铅笔头在转笔刀圆锥形的刀口上折断了，你用小刀的刀尖剔出来或者用锋利的刀刃细心地削尖铅笔。然后，你仿佛又把胳臂套进带汗渍的皮背带，背起背包，再伸进另一只胳膊，感觉到重量压在了背上，向湖边走去时又感到松针扎上你的软底鞋。

你听见有人说话："喂，海姆，你在干什么？在咖啡馆里写作？"

你的好运已完，只好合上笔记本。你碰上了最倒霉的事情。要能压得住脾气还好一些，可我那时还不善于控制自己，便说："你这个该死的王八蛋，不去干你的混账事，跑到这儿来干什么？"

"不要为了显示你行为乖张怪僻就故意侮辱别人。"

"闭上你的臭嘴，快滚出去。"

"这是公共咖啡馆。我和你一样有权在这里。"

"你为什么不到'小茅屋'咖啡馆去？那才是你待的地方。"

"哎呀，我的天，别这么惹人讨厌了。"

这时你可以扭头便走，心里希望这只是一次意外的打搅，那个不速之客是偶然进来的，不会再遇上这种事了。还有几家不错的咖啡馆也能写作，不过走过去远得很，再说这家咖啡馆是我的根据地。被人挤出丁香园咖啡馆是太扫兴了。我要不抵抗就得走。也许走掉更明智一些，但我心头一阵火起，便说："听着，你这样的狗崽子有的是地方去，你干吗非要到这里来熏臭这家雅净的咖啡馆呢？"

“我只是进来喝杯酒，这有什么错？”

“家里有人给你斟酒，然后还可以把杯子摔了。”

“家在哪里？听起来倒像个舒服的地方。”

他坐在旁边的桌上，是个高大肥胖、戴眼镜的青年人。他要了一杯啤酒。我想就当没有他看看能否继续写作。于是我就不理睬他，写了两行。

“我只不过跟你说了句话。”

我没有停笔，又写了一行。真写顺手了，脑子全用进去，笔就不会轻易停下来。

“我看你是了不起了，别人连话都不能跟你说了？”

我又写了一句结束全段的句子，检查了一遍。写得还是不错。我接着写下一段的起首句。

“你从不为别人着想，从来没想到他们也可能有困难的。”

我一辈子都没间断过听别人发牢骚。我发现我还能继续写作，而且他的唠叨并不比别的吵闹声更讨厌，跟埃兹拉学吹巴松的声音比起来还好听一些呢。

“假如你想当作家，全身都充满了创作的欲望，可就是写不出来，怎么办？”

我继续写，现在我的好运也开始来了，尽管他还在聒噪。

"假如有一次它像一股不可抗拒的洪流一样涌上来，然后又无声无息离开了你，怎么办？"

那也比絮絮叨叨强，我想，又继续写了。他大声喊了起来，嘴里胡说八道，听起来就像锯木厂里锯开木板一样，反而有些消气了。

"我们去了希腊。"过了一会儿，我听他说道。刚才我根本没听他说什么，只当成嗡嗡的噪声。现在我已经稍稍超额，可以停下来留待明天再写了。

"你说你用了希腊语还是说去了希腊？"

"别那么庸俗，"他说，"你不想听我说下去吗？"

"不想。"我说。我合上了笔记本，放进口袋。

"你不想知道后来怎么样了？"

"不。"

"你不关心生活和一个同胞的痛苦？"

"除了你以外。"

"你真残忍。"

"说得对。"

"我原以为你能帮助我呢，海姆。"

"我真想一枪打死你。"

"真的？"

"不。法律禁止这样做。"

"我为你干什么都愿意。"

"是吗?"

"当然是。"

"那你就滚出这家咖啡馆吧,这是第一步。"

我站起身,侍者走过来,我付了钱。

"我可以陪你走到锯木厂吗,海姆?"

"不行。"

"好吧,下次再见。"

"不能在这里。"

"这完全可以,"他说,"我刚才已经答应了。"

"你在写什么?"我一时不慎,竟问了他一句。

"我在尽自己的最大努力写作。就像你一样。可是实在太难了。"

"写不了就不要硬写。何必叫苦?回家去,找一份工作。上吊死了也行。只是不要再提写作了。你永远也学不会的。"

"你为什么要这么说?"

"你从来没听过你自己说话吗?"

"我说的是写作。"

"那就住嘴吧。"

"你确实冷酷,"他说,"过去谁都说你冷酷无情,还说你高傲，我一直为你辩护。以后我可不干了。”

"太好了。"

"你怎么能这么残酷地对待同胞？"

"不知道，"我说，"喂，你既然当不了作家，为什么不学写评论呢？"

"你觉得我应该学这个？"

"学这个不错，"我对他说，"学成了你什么时候都能写文章，再也不用担心写不出来啦，又是无声无息地溜走啦什么的。你的东西会有人读、受人尊重的。"

"你看我能当好批评家吗？"

"我不知道能有多好，不过你当得了。总会有人帮助你的，你也可以帮助你自己的人。"

"你说的'我自己的人'指的是谁？"

"和你混在一起的那些人。"

"噢，他们啊。他们有他们的批评家。"

"你不用只评论书，"我说，"你可以评论绘画、戏剧、芭蕾舞、电影……"

"听你这么一说可真令人神往啊，海姆。太感谢你了。真叫人兴奋。这简直是个创举。"

"说创举大概过头了。上帝创造世界毕竟才用了六天，第七天就休息了。"

"当然，什么也不能阻止我去创作。"

"绝对阻挡不住。除非你写的评论可能给你自己立下高得无法达到的标准。"

"标准会高的。这你可以放心。"

"我相信。"

他已经俨然是个批评家了，于是我问他要不要来杯酒，他同意了。

"海姆，"他一开口我就知道他已经摆出了批评家的架势，因为批评家和别人说话时都是把名字放在一句话的开头，从来不放在最后，"我不得不告诉你，我觉得你的作品稍有一点儿过于直率。"

"真糟糕。"我说。

"海姆，确实太赤裸裸，也太简略了。"

"倒霉。"

"海姆，太直率，太赤裸裸，太简略，太刚直了。"

我心虚地摸了摸口袋里的兔子腿："我尽量写得丰满一些吧。"

"记着，我不要太臃肿的。"

"哈尔，"我也学起了批评家的口吻，"这些我都会尽力避免的。"

"很高兴能有一致意见。"他神气活现地说。

"我写作的时候你就不到这里来，记住了吗？"

"那当然，海姆。没问题。现在我也要找一个咖啡馆了。"

"你是个好心人。"

"我在尽量做到。"他说。

假如这位年轻人后来成了著名的批评家，这段逸事就会很有意思，也会给人以启发，但是，尽管我一时抱了很大希望，结果是落了空。

我估计他第二天不会再来了，但我不想冒险，便决定让丁香园休息一天。第二天我一大早就起来了，又煮橡皮奶头、奶瓶，又是配奶、装瓶，给了邦比先生①一瓶，然后就在餐室的桌上写作。别人都在熟睡，只有小猫 F. 帕斯陪着我。我们俩都很安静，很合得来，我写得比以前任何时候都顺手。那时候你实际上并不需要任何东西来保住好运，甚至连兔子腿都不需要，不过感觉到它在口袋里，心里就踏实了。

---

① 邦比是海明威与哈德莉所生的儿子。——编者注

1926年哈德莉、邦比和海明威一家三口在奥地利的合影

邦比即杰克·海明威，是欧内斯特·海明威与第一任妻子哈德莉·理查森唯一的儿子。1923年10月，杰克·海明威在加拿大多伦多出生，取名约翰，之所以小名叫"邦比"，是因为哈德莉觉得他蹒跚学步的样子像一只胖胖的泰迪熊。

与帕辛①在苍穹咖啡馆

那是一个姣好的夜晚。紧张地写作了一天之后，我从锯木厂楼上的家里下来，穿过木料堆，走出院子，关上大门，过了街，走进面包店后门，在烤炉里的优质面包的香味中穿过店堂，走出前门，踏上蒙巴那斯大街。面包店已经开灯，外面暮霭沉沉。我在这淡淡的夜色中沿街走去，到图卢兹黑人餐厅前停住了脚步。餐巾架上的木制餐巾圈里挂了一条条红白方格的餐巾，似乎在等待我们进去用

---

① 朱尔·帕辛（1885—1930），美国画家，属"巴黎画派"。曾在奥地利学习绘画，1905年迁居巴黎，第一次世界大战中到美国，加入美国籍，1920年返回巴黎，创作了一系列以《圣经》、神话等为题材的油画。后专门绘制淡妆妇女画像，对象多为妓女。1930年他在一次重要的个人画展的前夜上吊自杀了。

餐。我看了一遍紫红色油印的菜谱，发现当天的特色菜是什锦砂锅。这个菜名勾起了我的饥肠。

餐厅老板拉维涅先生问我写作是否顺利，我回答说非常顺利。他说，大清早他就看见我在丁香园咖啡馆的门廊上写作，但因为我在聚精会神地工作，就没有和我打招呼。

"你那时像个独自隐居林中的人。"他说。

"我工作的时候就像一头瞎眼猪。"

"那你不是在山林里吗，先生？"

"在灌木丛里。"

我继续沿街走去，看看橱窗、对面走来的人群和这春夜，心情十分愉快。经过三家最大的咖啡馆时，我看见有几个人很面熟，还有几个是点头之交。然而，街上总有不少衣着风度远在他们之上的人，我却不认识，他们在华灯初放的黄昏匆匆赶往某个地方，一起喝酒，一起吃饭，然后上床温存一番。坐在那三家高档咖啡馆里的人可能做同样的事，也可能就那么坐着，喝酒，聊天，一心想显示自己。我刚才没有碰上我喜欢的那些人，他们爱去大的咖啡馆，为的是消失在人群中，不会引起任何人注意，可以在人丛中独辟一桌，聚在一起。那时候的大咖啡馆也比较便宜，都供应上好的啤酒，开胃饮料价钱适中，而且标明在端来的碟子上。

这天傍晚，我脑子里转着这些正正经经但无甚新奇的念头，觉得自己真是洁身自好，因为我克制了去赛马场的强烈愿望，刻苦地工作了一整天，而且很有成效。这段时间我可没有钱去赛马场，即使花点精力能赚来钱也不行。当时还不知采用化验唾液等方法可以检查马是否受了人工刺激，因此兴奋剂的使用非常普遍。然而，花时间去琢磨服用了兴奋剂的马匹的有利和不利条件、在赛场上搜寻马匹服用兴奋剂的迹象、靠自己的直觉（有时近乎幻觉）来采取对策，再把仅有的一点本钱孤注一掷……对一个既要养活妻子和幼儿，又要花全部时间来学习写作的年轻人，是行不通的。

不管用什么标准来衡量，我们都算穷人，我还在许多小地方尽量省钱，如对家里说有人请我吃午饭，然后就到卢森堡公园里去转悠两个小时，回家后却对妻子形容一番午饭是如何丰盛。如果你正好是二十五岁，而且生得特别高大粗壮，少吃一顿饭就会饿得厉害。不过，饥饿同时会使你的全部感官都敏锐起来，而且我发现我笔下的人物中许多都是胃口好、食量大、吃饭香的人，其中大多数还都喜欢喝酒。

在图卢兹黑人餐厅，我们喝上等的卡奥尔葡萄酒时一般都买一瓶、半瓶，或者四分之一瓶，还掺上三分之一水。在锯木厂楼上的家里，我们藏有一瓶科西嘉葡萄酒，牌子很硬，价钱却不贵，是真正的科西嘉酒。即使掺上一半水也还能品出味道来。那时的巴黎，只要很少一点钱便可糊口度日，如果时常饿上几顿饭，不买任何新衣服，你还能攒钱买奢侈品呢。

这时我从西莱科特咖啡馆往回走。刚才看见哈罗德·斯特恩在那里，我赶快绕了过去。我知道他肯定会谈赛马，而我正以轻松、鄙夷的态度把马看成我已经发誓要抛弃的牲畜。我抱着这种洁身自好的态度避开了圆亭咖啡馆里形形色色的人物，心里嘲笑他们的恶习和喜欢聚会的本能。我穿过大街，来到苍穹咖啡馆。这里也拥挤得很，但也有一些工作完了才来的人。

咖啡馆里有才下班的模特儿，有工作到夜幕降临的画家，有尽管费了很大气力，但总算是完成了当天的写作计划的作家，有酒鬼，还有一些名人，他们之中有几位我是认识的，有几个则纯属冒牌货。

我走进咖啡馆里，在帕辛和一对模特儿姐妹的那张桌边坐下。刚才我在德朗布尔路那边的人行道上站着，考虑是否待一会儿，喝杯酒，帕辛就招呼让我进来。帕辛是个很出色的画家，这会儿已有几分醉意；但他醉而不乱，醉

朱尔·帕辛为情人露西·克罗格（Lucy Krohg）
画的肖像

十九世纪末至二十世纪初，巴黎成为世界艺术家的会集之地，大量移民画家来到这里，掀起了一场又一场艺术运动。除了著名的印象主义、野兽主义、立体主义、超现实主义等流派，当时巴黎画坛上还有一批不属于任何一派的画家，单枪匹马地坚持创作，保持自己独特的艺术风格，人们就将这些画家统称为"巴黎画派"。朱尔·帕辛就是其中一位代表人物。

得有意思，神志还相当清醒。两个模特儿都很年轻、漂亮。其中一个肤色黝黑，身材娇小而苗条，带一丝半遮半掩的放浪神情。另一个长得像个小姑娘，表情有些呆滞，那种少女的娇艳是转瞬即逝的。她的身材没有她姐姐好，不过那年春天我就没有看见过身材比她姐姐好的人。

"这对姐妹一个好，一个不好，"帕辛说，"我这儿有钱。你喝什么？"

"半瓶黄啤酒。"我用法语对侍者说。

"来瓶威士忌吧。我这儿有钱。"

"我爱喝啤酒。"

"真爱喝啤酒的人应该到利普餐馆去。我看你好像刚干完工作。"

"对。"

"写得顺利吗？"

"但愿如此。"

"好。我很高兴。吃东西还香吗？"

"香。"

"你多大了？"

"二十五岁。"

"你想和她来一家伙吗？"他朝那个黑皮肤的姑娘看了一眼，微微一笑，"她就需要这个。"

"你今天大概已经跟她来得够多了。"

她对我露齿一笑。"他不要脸,"她说,"不过人很好。"

"你可以把她带到我的画室去。"

"别讨厌。"金发的妹妹说。

"谁跟你说话了?"帕辛问她。

"没人。可我就说了。"

"我们随便一些吧,"帕辛说,"一位严肃的年轻作家和一位聪明而可亲的老画家在一起,还有两位年轻美貌的姑娘,生活中的一切都展现在他们面前。"

我们一起坐着,两位姑娘小口呷汽水,帕辛又喝了一杯掺水白兰地,我喝啤酒;但只有帕辛随随便便的,我们谁都不自在。黑皮肤姑娘根本就静不下来,她坐在那里竭力显示自己,一会儿转动面庞,让灯光洒在她丰满的脸形上,一会儿故意让我看她黑毛衣下突出的乳峰。她的头发剪得很短,油黑发亮,像东方女郎。

"你已经摆弄了一天姿势了,"帕辛对她说,"现在你还想在咖啡馆里给这件毛衣当模特儿啊?"

"我愿意。"她说。

"你这样子像个玩具爪哇人。"

"眼睛不像,"她说,"我的眼睛复杂多了。"

"你简直像个坏透了的小洋娃娃。"

"也许像，"她说，"不过是活的。这就比你强。"

"我们走着瞧。"

"好，"她说，"我就爱看证据。"

"你今天没看见？"

"噢，那个呀，"她说着转了一下脸，让黄昏的最后一道光线映在她的脸上，"那时候你只是对你的作品感到兴奋。"她转向我说："他在和油画布恋爱呢，那东西总有点儿不干不净的。"

"你想让我画你，给你工资，还要捅你，来保持我的头脑清醒，同时又要和你谈恋爱，"帕辛说，"你这个可怜的小洋娃娃。"

"你喜欢我，对吧，先生？"她问我。

"非常喜欢。"

"可你太粗壮了。"她怏怏地说。

"上了床谁都一样。"

"没那事，"她妹妹说，"这种话我早听够了。"

"我说，"帕辛开口道，"如果你觉得我爱上了油画布，那我明天用水彩画你好了。"

"我们什么时候吃饭？"她妹妹问，"在什么地方吃？"

"你和我们一起吃吧？"黑皮肤姑娘问道。

"不。我回去和我妻子一起吃。"这是那时候时髦的字眼。现在都说"我老婆"。

"非去不可吗?"

"非去不可,也愿意去。"

"那就去吧,"帕辛说,"可别和打字纸闹上恋爱啊。"

"要是真爱上了,我就用铅笔写。"

"明天画水彩,"他说,"好啦,孩子们,我再喝一杯就到你们想去的地方吃饭。"

"威金饭店。"黑皮肤姑娘说。

"我也想去那儿。"她妹妹怂恿道。

"好吧,"帕辛同意了,"晚安,年轻人。睡个好觉。"

"彼此彼此。"

"她们不让我睡着,"他说,"我从来没睡着过。"

"今晚睡一觉吧。"

"去完了威金饭店再睡?"他的帽子滑到了脑后,咧嘴笑着。他这副样子不像个谦和的画家,倒像个十九世纪末的百老汇演员。在他自缢身死以后,我回忆他时还是喜欢他那天晚上在苍穹咖啡馆时的模样。常言说,人人心中都有成事的根苗,但我总觉得那些玩世不恭的人更具有得天独厚的条件。

埃兹拉·庞德①和他的"文人会"

　　埃兹拉·庞德一向是个与人为友、助人为乐的人。他和妻子道罗西在香圣母院路住的那间工作室非常简陋，与格特鲁德·斯泰因的工作室的富贵陈设适成对照。他们的房间光线很好，生炉子取暖，墙上挂着与埃兹拉相识的日本艺术家的画。那些艺术家都是日本的贵族，留着乌黑发

---

① 埃兹拉·庞德（1885—1972），美国诗人、批评家、翻译家。他对二十世纪美国诗歌的形成起过重大影响。他十六岁进大学，毕业后在华巴施大学任教，数月后被认为行为不检点，进而被辞退，于是离美赴欧，先到伦敦。1914年编成《意象派诗选》一辑。他的诗学强调用字要精练，不用废字，不用修饰。他帮助过詹姆斯·乔伊斯和艾略特，在巴黎时和海明威交往，后去意大利。第二次世界大战中为意大利做法西斯宣传，战后在美国受审，但因定为精神失常而被送进医院。1958年他被取消叛国罪的控告，回意大利定居，1972年去世。

埃兹拉·庞德
Ezra Pound

1885—1972

　　海明威从1922年初开始同庞德交往。庞德是二十世纪早期一位公认的现代文学运动的领袖，在巴黎期间他为优秀的、有才华的年轻作家的文学创作提供了很多帮助，其中就包括海明威。他建议海明威除了阅读传统的经典作家，还应该阅读法国作家福楼拜和司汤达的作品，当代作家中则要读乔伊斯、T. S. 艾略特和亨利·詹姆斯的作品。也是通过庞德，海明威结识了《大西洋彼岸评论》杂志主编福特·麦多克斯·福特。

亮的长发，鞠躬时就甩到前面。他们给我留下了很深的印象，但我不喜欢他们的画。我看不懂那些画，但也不觉得其中有什么深奥的寓意，等我看懂了，又觉得毫无意思。对此我感到很遗憾，但又无可奈何。

道罗西的画我倒是很喜欢。我觉得她长得很漂亮，身材十分优美。我还喜欢高迪亚-布热斯卡①雕塑的埃兹拉头像以及这位雕塑家的作品的相片。那些相片是埃兹拉拿给我看的，附在埃兹拉写的一本介绍高迪亚的书里。埃兹拉还欣赏皮卡比亚②的画，但我那时候认为他的画毫无价值。我还讨厌温德姆·刘易斯③的画，但埃兹拉却很喜欢。他喜欢他的朋友的作品。忠于友情固然是美德，但以此来判断作品优劣就太危险了。我们从不为这些事争执，因为我对自己不喜欢的东西总是绝口不谈。我想，有些人喜欢朋友们的绘画或者文章，就像另一些人喜欢自己的家人一样，去评头品足是不礼貌的。有时候你能忍耐很久不

---

① 高迪亚-布热斯卡（1891—1915），法国雕塑家，抽象派先驱之一。

② 弗朗西斯·皮卡比亚（1878—1953），法国画家。

③ 温德姆·刘易斯（1882—1957），英国作家、画家，旋涡派抽象艺术创始人。早年就读于伦敦，1896年去巴黎上大学。第一次世界大战中担任炮兵军官，战后在伦敦发表多部小说。三十年代创作了许多油画。他和埃兹拉·庞德共同创办了《旋涡画派》杂志。

去指责你家里的人或者你妻子家的人,不过对于那些拙劣的画家要好办得多,闭眼不看他们就行了,因为他们同自己家人不一样,不会滥用亲属关系干坏事。但对家里人就不一样,即使你做到视而不见、充耳不闻,也不回他们的信,他们还可能在许多方面给你造成危害。埃兹拉对别人可比我要仁慈善良得多。他那些写得成功的作品是那么完美无缺,即使干的是错事也那么诚恳,对自己的错误见解那么执着,对别人又是那么亲切——这一切都使他在我的心目中成了一个圣者。他性情暴躁,不过许多圣者大概也是这样的。

埃兹拉让我教他拳击。我第一次遇见温德姆·刘易斯就是一天下午我们正在他的工作室里练习拳击的时候。那时埃兹拉刚学拳击不久,让他在他的熟人面前练习,我感到很不合适,于是尽量让着他,让别人看起来觉得他打得很不错。但这样做并不好,因为他原来就会击剑,而我当时正在教他把左手也用在拳击里,让他始终左脚在前,然后右脚跟上保持平行。这只是基本步法。我一直没教会他左手打肘弯击,教他缩短右手出拳的幅度也是后来的事。

温德姆·刘易斯像这一带的大人物一样戴顶宽大的黑礼帽,衣着打扮像歌剧《波希米亚人》里的放荡不羁的角色。我一看他的脸就联想起青蛙,还不是牛蛙,就是一般的青蛙，而巴黎这个水塘对于他是太大了。那时候我们认为任何一个作家或者画家，有什么衣服就可以穿什么衣服，艺术家没有统一的制服；但刘易斯穿的却是战前艺术家的制服。他的样子使人感到很不是个滋味。他以傲慢的神情看我闪开埃兹拉先打出的左手攻拳或者用拳套敞开的右拳挡开它们。

我想停下来不练了，但刘易斯要我们比下去。我看得出他不知道我们是在练拳，所以想等着看埃兹拉挨打受伤。什么事也没有出。我始终没有反击，而是让埃兹拉不停地向我进攻，任他伸着左手。我只出了几下右拳，便说练完了，拿一罐水冲洗干净，用毛巾擦干，穿上圆领衫。

我们随便喝了点饮料，听埃兹拉和刘易斯谈起伦敦和巴黎的熟人。我按拳击时的方法，装作漫不经心的样子暗暗地仔细观察刘易斯。我觉得再没见过比他更难看的人了。有些人的狠毒能从脸上看出来，就像赛跑名马很容易看出品种来一样。他们像杨梅大疮那样讨厌。刘易斯倒没有流露出狠毒来，他就是长得难看。

回家的路上，我边走边思索他使我联想到了什么——想到了各种各样的东西，都是医学上的病症，只有"脚丫泥"是个俚语。我试着把他的脸分成几部分来描写，但只记得他的眼睛了。我第一次看见这双眼睛是隐藏在黑礼帽下面，很像强奸未遂者的眼睛。

"今天我碰见一个人，再没见过像他那么难看的了。"我对妻子说。

"塔迪，别告诉我他长什么样，"她说，"千万别讲。我们马上要吃饭了。"

一个星期以后，我碰到斯泰因小姐，告诉她我见到了温德姆·刘易斯，问她见过刘易斯没有。

"我叫他'量画虫'。"她说，"他从伦敦到这里来，看见一幅好画就从衣袋里拿出一支铅笔，你就看他用大拇指捏着铅笔量画吧。他一边度量一边细看，琢磨这张画是怎么画出来的。量完后，他就回伦敦去照样画一张，结果画得四不像。他根本没领会那幅画的含意。"

于是他在我的心目中就成了量画虫。我自己也给他起了好多名字，都比这个词要刻薄、难听得多。后来我尽量使自己对他产生好感，多和他接近——对于埃兹拉的绝大多数朋友，在他向我介绍清楚以后，我都是这样做的。不过，我在埃兹拉的工作室里第一次见到他时，他给我留下的确实是上述的印象。

埃兹拉是我所认识的最慷慨、最无私的作家。他常常帮助他信任的诗人、画家、雕塑家和散文作家，别人有困难时，不论信得过与否他都会慨然相助。他总是为别人操心。我刚认识他时，他最操心的是 T. S. 艾略特①的事。他告诉我，艾略特迫于生计，在伦敦的一家银行里工作，因此没有足够的时间写诗，要写也只能在公余时间。

于是，埃兹拉和娜塔丽·巴尔尼小姐共同发起了一个叫"文人会"的组织。巴尔尼是个富裕的美国女子，一向赞助艺术事业。她过去是比我大一辈的雷米·德·古尔蒙②的朋友。她定期在她家举行文艺沙龙，她家的花园里还有一座小巧的希腊神殿。许多有钱的美国和法国贵妇都举办沙龙，而我早就觉得，那些地方虽然高雅，我还是避开为妙。不过我想在家里的花园里有小型希腊神殿的还只有巴尔尼小姐一个人。

埃兹拉给我看了介绍"文人会"的小册子，还说巴尔尼小姐已经答应在小册子里写上那座希腊小神殿归他使用。"文人会"的计划是让我们大家把挣来的钱，不论多少，都捐出一部分给艾略特先生，使他脱离银行，腾出时间写诗。我觉得这是一个好主意。我们把艾略特先生弄出银行以后，埃兹拉又计划继续干下去，把大家的生活都安顿好。

我给他招来了一点小麻烦，因为我总是把艾略特说成

① T. S. 艾略特（1888—1965），英国诗人、批评家。
② 雷米·德·古尔蒙（1858—1915），法国批评家、小说家。

"梅杰·艾略特",假装把他错当成梅杰·道格拉斯。其实后者是一位经济学家,埃兹拉对他的观点很是崇拜。不过,埃兹拉知道我的心是好的,而且成天想着"文人会"的事情。他气恼的是我常常向朋友们募捐,说是要把梅杰·艾略特弄出银行,有人就问,一位少校①跑到银行里去干什么?如果军方把他裁掉,他难道没有退休金?至少也该有点退伍费啊。

这时我就向我的朋友们解释,说这些是毫不相干的事。你要么就入"文人会",要么就拉倒。要入就捐钱,把少校从银行里弄出来。不入,那就太遗憾了。他们懂不懂那座希腊小神殿有多重要?不懂?不出我之所料。太遗憾了,老兄。收起你的钱吧。我们一碰也不碰。

作为"文人会"的一员,我不知疲倦地为筹款而奔忙,当时我最大的愿望就是要看到少校大踏步走出银行,成为自由的人。"文人会"究竟是怎么解体的,我记不清了,记得好像和《荒原》的出版有关。《荒原》为少校赢得了《日晷》杂志的诗歌奖,不久,一位贵妇人又资助了艾略特主编的《基准》杂志,所以埃兹拉和我就用不着再

---

① 此处原文为 Major,本来指人名"梅杰",但这个单词也有"少校"的意思,故引起了误解。——编者注

为他操心了。我想那座希腊小神殿大概至今还在花园里吧。我们未能单靠"文人会"的作用把少校弄出银行，这一直使我感到失望，因为我在梦中曾幻想他也许会住到希腊小神殿里来，我和埃兹拉路过时还可以进去给他戴上一顶月桂树叶的花冠。我知道哪儿能采到漂亮的月桂树叶，骑上我的自行车去采来，在他感到寂寞时就去给他戴上，也可以在埃兹拉看完又一部像《荒原》那样的长诗的原稿或校样时到那里去。像许多别的事情一样，搞"文人会"给我带来的后果却很不妙——我把原来标明用来把少校弄出银行的钱都拿到昂甘赛马场，赌在服用兴奋剂后参加越障比赛的马匹上了。我下了注的那几匹马在两场比赛里都由于服了兴奋剂而赢过没有服兴奋剂或者服得不够的马。只有一次比赛输了，那次我们的马服用兴奋剂大大过量，结果比赛还没开始，它就甩下骑师冲了出去，单独跑完了一圈障碍赛程，那腾跃的动作比梦中想象的还要漂亮。等到被抓住、让骑师跳上马背，它又加入比赛。用法国人的赛马术语来说，它是"出色地跑完了全程"，却把钱输掉了。

假如这笔钱没有拿来打赌，而是捐给了"文人会"（尽管它已经不存在了），我心里会好受一些。但我又安慰自己说，这笔赌金赚了不少钱，如果捐给"文人会"，数额就会比原来打算捐的要大得多。

T. S. 艾略特
Thomas Stearns Eliot

1888—1965

　　T. S. 艾略特出生于美国密苏里州
圣路易斯，后加入英国国籍，放弃了美
国国籍，所以通常他被认为是英国诗
人、剧作家和文学批评家。T. S. 艾略
特是诗歌现代派的运动领袖，1948 年
诺贝尔文学奖获得者。著有诗集《荒
原》《四个四重奏》等。

奇怪的了结

　　我和斯泰因小姐的友谊结束了，但结束的方式却很奇
怪。当时我们已是很好的朋友，我还帮过她几次忙，如把
她的大部头小说弄到福特那里连载，用打字机帮她誊抄手
稿，为她审读校样，等等。我们的交情越来越深，这是我
原来根本没有想到的。男人和才智超群的女人交朋友，开
始时往往很愉快，但过亲、过疏都不合适，到头来总没有
好结果。和胸怀大志的女作家交朋友就更加不妙了。有段
时间我借口不知道斯泰因小姐是否在家而没去弗勒吕斯路
27号。斯泰因小姐听了以后说："可是，海明威，你在这
里是可以随意出入的呀，这你不知道吗？我是真心希望你
来。你随时可以进来，女仆"——她说的是女仆的名字，

但我已忘了——"会照顾你的。你一定要随便一些，等我回来。"

我没有滥用这个方便，不过有时也顺便进去坐坐。女仆总是给我倒杯酒，我就看看墙上的画。如果斯泰因小姐不出来，我就向女仆道声谢，留下一张便条就走。有一天斯泰因小姐让我上午就到她家去送行，因为她和一个同伴准备开她的车到南方去一趟。她原来是让我们两个人一起去看她的，当时我和哈德莉住在一家旅馆里，但我们还有别的打算，想到其他地方去。这话自然不好说，不过你还可以表示希望能去，到时候就说实在是没办法了。我对如何避免应约拜访别家的窍门还懂得一点，这是被迫学出来的。很久以后毕加索告诉过我，每次那些阔佬请他，他都欣然答应，因为他一说去，他们就高兴得不得了，然后他就推托有事，不能前去。不过这话和斯泰因小姐没有关系，他说的是另外一些人。

那是一个春光明媚的日子。我从观象台广场走来，进了小小的卢森堡公园。七叶树上繁花盛开，孩子们在鹅卵石小径上玩耍，他们的保姆坐在长凳上看。我看见树上的斑鸠、林鸽，听见了别的鸟躲在树上鸣叫。

我还没按门铃女仆就开了门，让我进去等一会儿，说斯泰因小姐马上就下来。这时还是上午，但女仆却给我倒了一杯白兰地递到我手里，愉快地向我挤了挤眼。这无色的酒喝下去很舒服。就在嘴里还有酒香的时候，我听见一个人在对斯泰因小姐说话；我从来没有听见过一个人用这样的口气对另一个人说话，绝对没有，在哪儿都没听到过。

接着，传来了斯泰因小姐恳求、哀告的声音："别这样，姑娘。别这样。别，求求你别这样。我什么都肯，姑娘，只求你别这样。千万别这样。求求你，姑娘。"

我一口喝干了酒，把酒杯放在桌子上，向门口走去。女仆对我摇了摇手指，轻声说道："别走。她马上就下来。"

"我一定得走。"我说。我想在走之前尽量不再听到她们的话，但对话仍在继续。唯一的办法是赶快离开。她的话听起来就够尴尬的了，而对方的回答更难听。

到了院子里，我对女仆说："请你告诉她，我进了院子，碰到了你。就说我的一个朋友病了，我等不及了。代我祝她一路平安。我会写信的。"

"一言为定，先生。您等不及了，真可惜。"

"是啊，"我说，"太可惜了。"

在我这方面，我们的友谊就这样结束了。够尴尬的。不过我还为她跑跑腿，该去的时候还露一露面，把她想见的人带来，等新的阶段开始，她有了新的朋友，我又和大多数跟她交朋友的男人一起等待决裂。看见毫无价值的新画拿进她房间和以前的名画挂在一起，不禁令人叹息，但这已经无关紧要了。至少与我不相干。她和我们这几个朋友几乎全部吵了架，只有胡安·格里斯①除外。她没法同他吵，因为他已死了。我想他就是活着也不会在乎的，他已经对一切都不在乎了，这一点反映在他的画里。

到后来她甚至跟她那些新朋友也吵架，但我们都不再关心她的事了。她变得像罗马皇帝一样专横。只有愿意让自己的女人专横的人才会喜欢这样的人。不过，在毕加索为她作的画上，在我的记忆中，她还是意大利北部农妇的样子。

最后，为了避免闹得太僵，大家（也许不是每个人）都和她恢复了朋友关系，我也这样做了。但是，不管在感情上，还是在思想上，我都无法再和别人成为真正的朋友了。在思想上再也交不成朋友是最糟糕的事情。不过问题还要复杂得多。

---

① 胡安·格里斯（1887—1927），西班牙立体派画家。

打上了死亡标记的人

我在埃兹拉的工作室里见到诗人欧内斯特·华尔什的那天下午，他正和两位穿貂皮长大衣的姑娘在一起，街上停了一辆从克莱里奇饭店租来的锃亮的轿车，车身很长，司机身穿制服。两位姑娘都金发碧眼，是华尔什同船的旅伴。轮船昨天到达，他带她们来拜访埃兹拉。

欧内斯特·华尔什皮肤黝黑，一看就知道是个地道的爱尔兰人。他具有诗人气质，但面带死气，像电影里注定要死的人一样。他正在和埃兹拉谈话，我就和两位姑娘聊了起来。她们问我读过华尔什先生的诗没有。我说没有读过，一位姑娘便拿出一本哈里特·门罗主编的绿皮《诗刊》，把其中华尔什的几首诗指给我看。

"他每篇能得一千二百美元。"她说。

"是每首。"另一位姑娘说。

我记得我的稿酬是每页十二美元，好像也是那份杂志。"他一定是个很了不起的诗人。"我说。

"他的稿费比埃迪·格斯特还多。"第一个姑娘对我说。

"比那个诗人也多，他叫什么来着？"

"吉卜林。"她的朋友说。

"从来没有人拿过这么多。"第一个姑娘说。

"你们在巴黎要住很久吗？"我问她俩。

"噢，不。不是。我们还有一些朋友呢。"

"我们都是坐这条船来的。可船上连个有名气的人都没有。当然华尔什先生除外。"

"他赌牌吗？"我问。

她用一种失望而又谅解的眼光看我。

"不。他用不着赌。瞧他的诗写得多好就知道了。"

"你们坐什么船回去？"

"这还说不准。要看船的情况，还有好多别的因素。你回去吗？"

"不。我过得还可以。"

"这个区够穷的，是吗？"

"是。不过这地方还不错。我在咖啡馆里写作，还去赛马场。"

"你穿这样的衣服能去赛马场吗？"

"不行。这是我上咖啡馆穿的。"

"有意思，"一位姑娘说，"我倒想看看这种咖啡馆生活是怎样的。你呢，亲爱的？"

"我也想看。"另一位姑娘说。我在通讯录上记下她们的名字，答应以后到克莱里奇去找她们。这两个姑娘挺不错的。我向她们、向华尔什和埃兹拉告别。华尔什同埃兹拉谈得正起劲。

"别忘了。"个子高的姑娘说。

"我怎么会忘了呢！"说着我又和她俩握了握手。

以后我又从埃兹拉那里听到华尔什的消息，说有几位贵妇人特别爱好诗歌，还崇拜将死的年轻诗人，她们花钱把华尔什从克莱里奇保了出来。过了不久，又听说他从另一个来源得到钱财，即将在这个区和别人合办一份新杂志。

当时，斯科菲尔德·塞耶主编的美国文学杂志《日暑》每年颁发大约一千美元的奖金奖励投稿人的优秀作品。那时，这笔奖金对于任何正派的作家不仅是荣誉，而且是很可观的收入。许多人都得过这项奖金——他们自然都是当之无愧的。那时候，两个人一天有五美元就可以在欧洲过得很舒适了，而且还能外出游历。

据说这份季刊（华尔什是编辑之一）将在前四期出版后评出一篇最佳作品，向作者颁发一笔数目很大的奖金。

这个消息究竟是私下传出来的还是谣言可很难说。我们且相信这项奖金在各方面都是光明正大的吧。至少与华尔什合作的那位编辑是无可指摘的。

我听到关于这项奖金的传闻后不久，有一天华尔什请我在圣米歇尔大道上最豪华的一家饭店吃午饭。我们吃的昂贵的马莱纳牡蛎外壳扁平，带一点铜色，和我常吃的那种便宜的深壳葡萄牙牡蛎不同。喝完一瓶普伊-富赛白葡萄酒之后，他就拐弯抹角地谈起了奖金的事。他好像在诱我上钩，想让我也为他吹嘘，就像他骗了船上的两个骗子一样——当然啦，如果她们真是骗子而且真的受了他的骗的话。他问我要不要再吃十二个扁牡蛎，我说非常想要。他倒没有在我面前装出死期已近的模样，使我松了一口气。他知道我已经听说他得了肺结核病，这种病在当时是不治之症，我也知道他的病情有多严重。他没有故意咳嗽，对此我在吃饭时是很感激的。我在想，他吃扁牡蛎是为什么？是不是像堪萨斯城里那些被认为死期不远的妓女一样，总把精液当成治肺病的良药吞下去？但我没有问他。我开始吃第二盘扁牡蛎,把一个个牡蛎从银盘的碎冰里夹出来,挤几滴柠檬汁在极其柔嫩的褐色蚌唇上,看蚌唇收缩,然后把粘在壳上的蚌肉撕下来,送到嘴里细细咀嚼。

"埃兹拉是一位了不起的大诗人。"华尔什用他那双浅黑色的诗人式眼睛望着我说。

"是啊,"我说,"品格也很高。"

"非常高尚,"华尔什说,"真的非常高尚。"我默不作声地吃喝以表示对埃兹拉高尚品格的敬意。我怀念起埃兹拉来,心想他要是在这里就好了。他也是吃不起马莱纳牡蛎的人。

"乔伊斯也很了不起,"华尔什说,"了不起,了不起。"

"了不起,"我说,"而且还是个重友情的人。"我和他结下友谊是在他刚刚写完《尤利西斯》的那段鼎盛时期,当时他即将开始创作在很长一段时期内都被称为"未完成之作"的另一部小说。我想到了乔伊斯,回忆起很多事情。

"我真希望他的眼睛能好起来。"华尔什说。

"他也盼着能好。"我说。

"这是我们这个时代的悲剧。"华尔什对我说。

"谁都免不了有点病。"我想使午饭的气氛开朗一些，便这样说。

"你就没有毛病。"他忽然对我非常亲切，接着又说他自己活不长了。

"你是说我就没有打上死亡的标记？"我不由自主地问道。

"你没有。你身上打的是生存的标记。"他强调了"生存"这两个字。

"这还得让时间来回答。"我说。

他想吃可口的嫩牛排，于是我要了两份浇上鸡蛋黄油调味汁的菲力牛排。我想黄油对他可能有好处。

"来一瓶红葡萄酒吗？"他问。侍者总管走过来，我要了一瓶"教皇"牌红葡萄酒。反正喝多了我可以沿码头散步，他可以去睡觉，也可以去干他想干的事。我也可以找个地方睡一觉，我想。

到我们吃完牛排和法国式煎土豆，"教皇"牌红葡萄酒（不是午餐酒）也喝了三分之二的时候，他才挑明了话头。

"用不着拐弯抹角了，"他说，"你就要获得那笔奖金，这你已经知道了吧？"

"我？为什么？"

"奖金是要授给你的。"他谈起了我的作品，我却不想再听了。我讨厌别人当面谈我的作品。我望着他脸上死期已近的表情，心想：你这个骗子。居然拿你的肺结核来骗取我的信任。我可见过一个营的人都倒在路上的尘埃里，其中三分之一已是奄奄待毙，但他们也没有任何特殊的表情，只是每个人都蒙上了尘土。我也看见了你，你那副死期已近的样子，你这个骗子，就靠你的死亡来挣钱度日。现在你又要来骗我了。汝不欺人，人不汝欺。死亡确实在向他进逼，可不是骗他。

"我觉得我没有资格受奖，欧内斯特，"用我自己的名字（我讨厌这个名字）称呼他，我感到颇为得意，"再说，欧内斯特，这样做也不道德，欧内斯特。"

"奇怪的是我们俩正好同名，嗯？"

"是啊，欧内斯特，"我说，"我们俩都要无愧于这个名字才行啊。你明白我的意思吧，欧内斯特？"

"明白，欧内斯特。"他说。他以爱尔兰人的忧郁态度对我表示完全理解，还显出非常亲切的样子。

于是我就一直表示愿意为他和他的杂志帮忙。他因肺出血而离开巴黎时请我帮助不懂英文的印刷工人排完他的杂志，我照办了。他出血的时候我见过一次。那正是肺结核的症状，我知道他确实要死了。当时我正处在生活的困苦关头，但我还是尽量对他关怀备至，对此我感到十分得意，就像我称呼他欧内斯特那样得意。我还喜欢并且钦佩与他合作的那位女编辑。她没有向我许过奖金的愿。她只想把杂志办好，让投稿人都能得到优厚的稿酬。

很久以后，一天我遇见乔伊斯。他刚刚独自看了日场戏回来，沿圣日耳曼大道向前走。他看戏虽然看不见演员，但喜欢听他们的声音。他请我去喝一杯。我们走到双偶咖啡馆，要了一瓶干酸雪利酒。不过传记上总是说他只喝瑞士白葡萄酒。

"华尔什怎么样？"乔伊斯问。

"这王八蛋，死活都一样。"我说。

"他把那项奖金许诺给你了吗？"乔伊斯问道。

"是的。"

"不出我所料。"乔伊斯说。

"他也许诺给你了？"

"是啊。"乔伊斯说。过了一会儿，他问："你想他会不会也许诺给了庞德？"

"我不知道。"

"最好不要问他。"乔伊斯说。我们就都不提这件事了。我对乔伊斯讲了我在埃兹拉的工作室里第一次见到他和那两个穿皮大衣的姑娘时的情形。他听得饶有兴味。

艾凡·谢普曼在丁香园

我找到西尔维娅·比奇的图书馆以后读完了好多书，其中有屠格涅夫的全部作品、已出版的果戈理作品的英译本、康斯坦斯·加奈特译的托尔斯泰小说以及契诃夫小说的英译本。我们来巴黎以前在多伦多时就听说凯瑟琳·曼斯菲尔德是一位很不错的短篇小说作家，甚至可以说她是短篇小说的巨擘。然而，拿她的作品与契诃夫的比较，就觉得一个是事事讲究的女子精心编造的故事，另一个则是知识渊博、表达能力很强的医生写下的朴素明快的小说。曼斯菲尔德的作品有点像淡啤酒，喝这酒还不如干脆喝水。契诃夫的小说却截然不同，只有脉络清楚这一点清澈如水。他有几个短篇读起来像新闻特写，但还有一些是相当精彩的。

陀思妥耶夫斯基的小说里有许多可信而不能信的东西，但其中有些情节真实到你读了不得不信的地步；他写出了人的脆弱和疯狂、圣洁和邪恶，以及赌博的愚蠢，正如屠格涅夫描写了风景和道路，托尔斯泰再现了军队的调动、战斗的地形、军官的形象和厮杀的场面一样。斯蒂芬·克莱恩写过描写美国内战的小说，但跟托尔斯泰的作品一比，他的小说就像一个病孩脑子里出现的色彩缤纷的梦幻，看得出他从未见过战争场面，只读过战役的描述，看见过布莱迪①的照片。这些我在我祖父家也见过。在我读到司汤达的《巴马修道院》之前，只有托尔斯泰的小说使我接触到了战争的真实场面，不过司汤达的这部小说通篇枯燥，对滑铁卢战役的描述是唯一精彩的章节。在巴黎这个再穷也能工作、能过得好，还能有时间读书的地方，走进这样一个文学上的新天地真像得到了一座金库一样。外出旅行你也可以带上你的珍宝。我们从住在瑞士和意大利的高山上时到发现奥地利福拉尔贝格山谷里的施伦斯为止，身边总带着书，这样，住在村里飞鸽旅馆的楼房里，

①马修·布莱迪（1823—1896），美国最早的摄影师之一，曾受命拍摄了大量内战场面的照片。

费奥多尔·米哈伊洛维奇·
陀思妥耶夫斯基
Fyodor Mikhailovich Dostoyevsky

1821—1881

十九世纪俄国著名作家。出生于小贵族家庭，因为参加反农奴制活动而被流放西伯利亚，此后思想发生了重要转变，由此陆续创作出了多部影响甚深的长篇小说，包括《被侮辱的与被损害的》《罪与罚》《白痴》《卡拉马佐夫兄弟》等。陀思妥耶夫斯基的小说戏剧性强，擅长在纷繁复杂的社会背景和矛盾中探索人的心理，并上升到对哲学主题的思考。

白天你生活在新天地之中，看看白雪、森林、冰河，体会到冬季的难处，夜晚你可以沉浸到俄国作家带给你的另一个神奇世界里去。起初只有俄国作家，后来就一应俱全了。不过很长一段时间里还是只有俄国作家。

记得有一次我和埃兹拉从阿拉戈大道的网球场上回来，他请我到他的工作室里喝杯酒，我问他对陀思妥耶夫斯基的看法。

"跟你说句实话，海姆，"埃兹拉说，"我还从来没有看过俄国作品呢。"

这是个坦率的回答，埃兹拉对我的问题一向都是坦率作答的，但我觉得很不是滋味，因为说这话的是当时我最偏爱、最信任的一个批评家，一个主张用词必须贴切的人，正是他教会了我不要依赖形容词，就像我后来学会在某些场合决不轻易依赖某些人一样；而我正想听听他对一个用词几乎从不贴切，但有时却使笔下人物栩栩如生（除了他，几乎没有人能做到）的作家的看法。

"还是专看法国作品吧，"埃兹拉说，"那已够你学的了。"

"我知道，"我说，"我在哪儿都有很多东西要学。"

后来我走出埃兹拉的工作室，沿大街走向锯木厂。街道两边都是高大的楼房，向前看去，那一头是光秃秃的树木，宽敞的圣米歇尔大街的那边是比利埃舞厅的正门。我推开锯木厂大门走了进去，经过刚锯完的木板堆，把网球拍挂在楼梯旁的夹子上。我在通向顶楼尖角的楼梯旁喊了一声，但家里没人。

"太太出去了，保姆和孩子也走了。"锯木厂的老板娘告诉我。她是个很难相处的女人，身躯肥胖，一头黄发。我向她道了谢。

"有个小伙子来找过你，"她没有把客人说成"先生"而是说"小伙子"，"他说他在丁香园等你。"

"谢谢你，"我说，"太太回来，请你告诉她我在丁香园。"

"她和几个朋友一起出去了。"老板娘说着，提起紫色的晨衣，踩着高跟鞋进了她的领地，但没有关门。

我沿街走去，两旁是高大的白色建筑物，但墙上已是污迹斑驳了。走到阳光照耀下的街口，向右拐弯，便来到缕缕阳光射入的丁香园。这里光线要暗得多。

我没有看见熟人，便走到外面的平台上，发现艾凡·谢普曼在这里等我。他是个很不错的诗人，对赛马、写作和绘画都很有研究，也很喜欢。他站了起来。我看清了他是个瘦高个儿，脸色苍白，白衬衣很脏，领子都破了，领带结得很整齐，皱了的灰外衣十分破旧，手指头比头发还黑，指甲也很脏，他尽力控制住他那亲切而略带歉意的笑容，以免露出参差不齐的牙齿。

"见到你很高兴，海姆。"他说。

"你好吗，艾凡？"我问。

"有些不妙，"他说，"不过我想我至少还写出了一首描写哥萨克人的诗。你还顺利吗？"

"但愿顺利，"我说，"你去我家时，我正在外面和埃兹拉打网球。"

"埃兹拉好吗？"

"很好"。

"我真高兴。海姆，我觉得你住的那地方的老板娘不喜欢我。她不让我在楼上等你。"

"我得问问她去。"我说。

"不必了。我以后就在这里等好了。现在坐在阳光底下很舒服，是吗？"

"秋天了，"我说，"我看你穿得不太够吧。"

"只不过晚上有点冷，我穿上外衣好了。"艾凡说。

"你知道外衣在哪儿吗？"

"不知道。在一个保险的地方吧。"

"你怎么知道的？"

"因为我把那首诗忘在外衣里了，"他开怀大笑，紧紧抿住嘴，生怕露出牙齿，"陪我喝杯威士忌吧，海姆。"

"好的。"

"雅昂，"艾凡站起身叫来侍者，"请来两杯威士忌。"

雅昂端上一瓶酒、两个杯子、两只十法郎的碟子和两根吸管。他没用量杯倒酒，直接把杯子倒满了四分之三。雅昂很喜欢艾凡，艾凡在雅昂的休息日经常和他一起到奥尔良城门外的蒙特乌奇去，在雅昂的花园里干活。

"你不要倒多了。"艾凡对这位高个子的老侍者说。

"这不是两杯威士忌吗？"侍者问道。

我们往酒里掺了水，艾凡说："第一口要细细地品尝，海姆。小心点儿喝，这两杯酒能喝好一会儿呢。"

"你对自己的身体注意了没有？"我问。

"注意了，真的，海姆。我们谈谈别的吧，好吗？"

平台上没有别人，我们俩喝了威士忌，身上都暖和了。其实我的秋衣比艾凡厚实，贴身穿了一件长袖运动衫，外面是一件衬衣，再套了一件法国水手式蓝毛衣。

"我一直在琢磨陀思妥耶夫斯基，"我说，"这样一个文笔拙劣得令人难以置信的人怎么能如此深深地打动读者呢？"

"不会是译者的问题，"艾凡说，"她把托尔斯泰的作品都译得非常漂亮。"

"我知道。我记得还没有看到康斯坦斯·加奈特的译本时，我有好多次都想把《战争与和平》读完，但怎么也读不下去。"

"据说这个译本还可以改进，"艾凡说，"虽然我不懂俄文，可我觉得肯定还能提高。我们俩都看过几种译本。而这本书确实精彩，我觉得可以说是最伟大的一部小说，真是百读不厌。"

"我知道，"我说，"可是陀思妥耶夫斯基就读不了几遍。有一次我们出去旅行时带了《罪与罚》，在施伦斯没书看了，可我重读《罪与罚》，也读不下去。我就看奥地利报纸，学德文，一直熬到找来几本平装的特罗洛普的作品为止。"

"上帝保佑平装本。"艾凡说。威士忌现在喝着已经失去了火烧一样的味道，掺了水之后，只觉到酒劲太大了。

"陀思妥耶夫斯基是个庸人，海姆，"艾凡继续说，"他笔下的庸人和圣徒写得最出色。他塑造的圣徒特别感人。可惜的是我们第二遍就看不下去了。"

"我想再看一遍《卡拉马佐夫兄弟》。过去也许是我没好好看。"

"你可以挑一部分再看一遍，大部分都能看。不过看着看着你就会生气的，再伟大也不行。"

"嗯，我们第一遍能读上这个译本就已经很不错了。也许还会有好译本呢。"

"可你别老是盯着好的，海姆。"

"不会。我打算读得随便一点，在不知不觉中读进去，这样就会越读越想读的。"

"好啊，我用雅昂的威士忌表示支持你。"

"他这么干会惹出麻烦来的。"我说。

"他已经碰上麻烦了。"艾凡说。

"怎么回事？"

"店里要变样啦，"艾凡说，"新的老板要的是能花钱的顾客。他们准备设一个美国式的酒吧，让侍者都穿上白罩衣，海姆，还规定必须刮掉胡子。"

"总不能对安德烈和雅昂也这么干吧。"

"按说是不能，可他们还是要这么干的。"

"雅昂的胡子从小时候一直留到现在，那是龙骑兵式的胡子。他在骑兵团里服过役。"

"他不刮也不行啊。"

我喝干了最后一口威士忌。

"再来一杯威士忌吗，先生？"雅昂问道，"谢普曼先生，要一杯威士忌吧？"他那浓密的小八字胡已成了他善良而瘦削的面庞的一部分，秃顶在几绺光滑的头发下闪亮。

"别这样，雅昂，"我说，"不要冒险。"

"没有险可冒，"他低声对我们说，"只有一团混乱。很多人要辞工不干了。就要两杯吧，先生们。"他大声说着，走进馆里，端出了一瓶威士忌、两只大玻璃杯、两只金边碟子和一瓶矿泉水。

"别，雅昂。"我说。

他把酒杯放在碟子上，倒了差不多满满两杯威士忌，然后拿起剩下的酒回馆里去了。我和艾凡都向杯里倒了一点矿泉水。

"幸好陀思妥耶夫斯基不认识雅昂，"艾凡说，"否则他会暴饮而死的。"

"这两杯酒怎么办？"

"喝了它，"艾凡说，"这是抗议，是直接行动。"

星期一早晨，我到丁香园去写作，安德烈给我端来一罐牛肉汁。他是个金黄头发的小个子，原来长着浓密短粗的小胡子的嘴唇上面像教士一样剃得光溜溜的，身上穿了一件白色的美国酒吧侍者制服。

"雅昂呢？"

"他明天才能来。"

"他怎么样？"

"他还得过一阵子才能适应。他在一个重骑兵团里服役，从头至尾参加了大战。他得过十字军功章和军功奖章。"

"我真不知道他还受过那么重的伤。"

"不对。他当然也受过伤，不过他得的军功奖章不是因为受伤，而是奖励他的勇敢。"

"告诉他我来看过他了。"

"自然，"安德烈说，"但愿他很快就能适应。"

"也请你向他转达谢普曼先生的问候。"

"谢普曼先生在他那里，"安德烈说，"他们现在正在花园里一起干活呢。"

邪恶派来的使者

埃兹拉离开香圣母院路去拉波洛，临走对我说的最后一句话是："海姆，我想让你把这瓶鸦片保存起来，等邓宁确实需要时再给他。"

那是一个很大的冷霜瓶。我拧开瓶盖，只见装的是黑黝黝、黏糊糊的东西，发出强烈的生鸦片味。据埃兹拉说，这鸦片是他在意大利街附近的歌剧院路上从一个印第安部落头人那里买来的，价钱贵得很。我估计其来源大概是"鄙陋"酒吧间，那是第一次世界大战中和战后逃兵、毒贩子聚集的地方。这是意大利街上一间非常狭窄的酒吧，门面涂成红色，比走廊宽不了多少。有段时间有道后门通巴黎的下水道，据说一直能通到地下陵墓。邓宁的全名是拉尔夫·契弗·邓宁，是一个吸了鸦片就会忘了吃饭的诗人。他吸鸦片要是吸过了头就只能喝牛奶了。他写诗用的是三行体，这一点使埃兹拉对他产生了好感并发现他的诗有许多优点。他的住处就在埃兹拉工作室的院落里。埃兹拉离开巴黎的前几个星期，邓宁病危了一次，当时他让我去帮忙护理。

埃兹拉的便条上写着："邓宁垂危，请即来。"

邓宁躺在床上，瘦得像一副骷髅。将来他准会死于营养不良的。不过我对埃兹拉说，他出口成章，不像马上要死的样子，而且我从来没听说过哪个人临死时候还能作三行体诗，连但丁都不可能。埃兹拉说邓宁没在作诗，我说也许把我叫来的时候我还没睡醒，所以把邓宁的话听成三行体诗了。我们两人整夜陪伴邓宁等待死神的降临，到天明只好让医生来处理了。邓宁被送到一家私人诊所去消除鸦片毒素，埃兹拉答应负担医疗费，还找了几位不知道哪儿来的诗歌爱好者，让他们答应帮助邓宁。留给我的只有一件事：在绝对紧急的情况下把鸦片送交给他。这是埃兹拉交代的一项神圣使命，我只希望自己能够不辱使命，判断好什么是绝对紧急的情况。一个星期天的早晨，紧急情况终于发生了，我正在房里研究赛马日程，为埃兹拉看门的女人忽然进了锯木厂的院子，对我的窗子喊道："邓宁先生爬上了屋顶，死活不肯下来！"

邓宁爬上了工作室的屋顶，还死活不肯下来，这大概算是绝对紧急的情况了。我找出装鸦片的瓶子，跟着看门女人上了街。看门女人身材矮小，神情紧张，眼前这件事使她慌了神。

"先生带了要用的东西吗？"她问我。

"当然带了，"我说，"不会有问题的。"

"庞德先生什么都想到了，"她说，"他真是慈善的化身。"

"是啊，"我说，"我每天都想他。"

"但愿邓宁先生会明点事理。"

"我这儿有治他的东西。"我对她说。

刚走进工作室的院子，看门女人就说：

"哟，他已经下来了。"

"他一定知道我来了。"我说。

我爬上通向邓宁房间的露天楼梯，敲了他的门。他开了门。他面容憔悴，高得出奇。

"埃兹拉让我把这个带给你，"我说着把瓶子递给他，"他说你知道里面是什么。"

他接过瓶子，看了看，随手向我扔了过来。瓶子打在我的胸膛上（也可能是肩上），骨碌碌滚下了楼梯。

"你这个狗娘养的，"他骂道，"你这个杂种。"

"埃兹拉说你也许需要它。"我说。他又砸过来一个奶瓶作为答复。

"你真的不需要？"我问。

他又扔过来一个奶瓶。我转身便走，他把另一个奶瓶砸在我的背上，砰地关上了门。

我拾起摔裂了一点儿的鸦片瓶放进口袋。

"他似乎不想要庞德先生的礼物。"我对看门女人说。

"现在他大概会安静些了。"她说。

"也许他自己有点儿鸦片。"我说。

"可怜的邓宁先生。"她说。

后来，埃兹拉组织的那些诗歌爱好者又跑来帮助邓宁了，而我和看门女人的介入却没起到作用。我把那个据说是装有鸦片的破瓶子用蜡纸包好，小心地绑在一只旧马靴里。几年以后，艾凡·谢普曼帮我从公寓里搬走我的东西时，发现那双马靴还在，瓶子却没有了。我不知道邓宁为什么会朝我扔牛奶瓶，也许是因为他还记着他第一次病危的那个晚上我怀疑了他，要不就是他天生就讨厌我。不过我还记得"邓宁先生爬上了屋顶，死活不肯下来"那句话把艾凡逗得开怀大笑。他认为这句话有象征性的意义。我可想不出来。说不定邓宁把我当成了邪恶派来的使者或警察的暗探。我只知道埃兹拉以他一贯的亲切态度对待邓宁。我一直希望邓宁的诗才真有埃兹拉想象的那么好。别看他是个诗人，奶瓶子可扔得够准的。不过埃兹拉这个杰出的诗人，网球也打得很不错。艾凡·谢普曼——他的诗写得非常漂亮，但他根本不在乎那些诗能不能出版——觉得这个谜还是不解开为好。

"我们生活中需要更多的谜，海姆，"他有一次对我说，"我们现在最缺乏的就是丝毫没有野心的作家和真正优秀的未出版的诗作。当然，也得考虑如何维持生活的问题。"

司各特·菲茨杰拉德[1]

　　他的才华是天赐之物，就像灰尘留在蝴蝶翅膀上的图案一样自然。有个时期他竟像蝴蝶一样对此全然不知，他更不知那图案何时被拂去，何时被搅乱。后来他逐渐意识到了自己被毁坏的双翼，懂得其构造，他学会了思考，但不能再遨游空中，因为他已不爱好

---

[1] 司各特·菲茨杰拉德（1896—1940），美国小说家，被认为是二十年代（爵士时代）的文学代言人。他出身于中产阶级家庭，上过普林斯顿大学，1917年参军，退役后同上层社会的漂亮姑娘泽尔达·赛尔结婚，婚后往返于巴黎和纽约之间，出没在豪华旅馆和游览胜地。1925年他的代表作《了不起的盖茨比》出版，确立了他在文坛上的地位。次年泽尔达得了精神病，一会儿要学芭蕾舞，一会儿进疗养院，菲茨杰拉德被折磨得非常痛苦，养成了喝酒的习惯。以后他债台高筑，又得了肺病，创作渐衰，四十四岁便离开了人间。

飞行，他只能回忆当初轻松自如地翱翔的日子了。

我第一次和司各特·菲茨杰拉德见面就碰上一件非常奇怪的事。司各特做的许多事情都很怪，但这件事我一直忘不了。当时我正和几个不值得一提的人坐在德朗布尔路的澳洲犬酒吧间里，他走了进来，自我介绍，然后又介绍了一个身材高大、满面笑容的人，说他就是著名的垒球投掷手邓克·查普林。我没看过普林斯顿的垒球赛，因而也从未听说过邓克·查普林，但他见面后态度非常亲切、友好，又显得那么轻松自在、无忧无虑，我觉得他比司各特好多了。

那时的司各特还带点孩子气，脸长得很精神，不过算不上英俊。他满头金色鬈发，高高的额头，目光兴奋而友善。他的嘴带有爱尔兰人的特征，两唇细长而柔嫩——长在姑娘的脸上就是相当漂亮的。他的下巴很结实，两耳端正，鼻子不很突出，但很好看，几乎可以说很漂亮。光是耳鼻并不能构成一张英俊的脸，他的美还来自他的脸色、他的金发和他的嘴唇。这张嘴在你不了解他的时候让你捉摸不透，等你了解他之后，就更难捉摸了。

我当时很渴望和他见面，紧张地写作了一整天，能在这里碰上司各特·菲茨杰拉德和大名鼎鼎的邓克·查普林

司各特·菲茨杰拉德
F. Scott Fitzgerald

1896—1940

1925 年春天，海明威结识菲茨杰拉德夫妇，并与菲茨杰拉德成为好友。二人相识时，菲茨杰拉德已经是名作家，以《人间天堂》和《了不起的盖茨比》等小说奠定了他在美国现代文学史上的地位。通过他的介绍，海明威认识了斯克里布纳出版公司的编辑麦克斯韦尔·珀金斯。从 1926 年开始，海明威的作品由斯克里布纳公司出版。

自然觉得非常高兴。虽然我们以前没有听说过查普林，但他现在已经是我的朋友了。司各特滔滔不绝地说话，谈我的作品，说很了不起。我听了很窘，便紧紧盯着他，不去听他讲话，而是观察他的动作。那时候我们仍然相信这个原则，即当面褒奖是公然的羞辱。司各特刚才要了香槟酒，他、邓克·查普林、我和几个不值一提的人一起喝了。我和邓克好像都没怎么注意听司各特的演讲，演讲自然是没人爱听的，我就一直注意观察他。他身材瘦弱，脸上稍有些浮肿，看上去身体不太好。他的外衣是布鲁克斯兄弟公司出品，很合身，里面是一件按扣领的白衬衣，系上王家禁卫军领带。我觉得我应该告诉他这领带不妥，巴黎有英国人，可能到澳洲犬酒吧来——现在就有两个——可是转念一想，管我什么事，便又注视了他一会儿。后来才知道这条领带是他在罗马买的。

这一阵观察没有什么新发现，只注意到他的手修长而灵巧，而且不很小，当他在酒吧间的凳子上坐下时，我注意到他的腿非常短。如果双腿长度正常，他应该能再高两英寸。我们喝完了一瓶香槟，开始喝第二瓶，他的演说也接近尾声了。

我和邓克都觉得舒服多了，甚至比喝香槟以前还舒服，好就好在这演说总算快完了。我一直以为只有我、我妻子和几个很熟悉的朋友才暗自认为我是个伟大的作家。现在我高兴司各特也得出了同样的结论，但我更高兴的是他的演说快要结束了。不料演说刚结束提问又开始了。在他演说的时候，你尽可以不听他而只管自己观察他，但提问是躲不开的。以后我才发现，原来司各特认为小说家竟可以通过直接诘问朋友和熟人来搜集他需要的素材。他的诘问非常直率。

"欧内斯特，"他说，"我叫你欧内斯特你不在意吧？"

"你问邓克。"我说。

"别胡闹。这事可得认真点。告诉我，你和你妻子结婚前同居过吗？"

"不知道。"

"什么叫不知道？"

"我记不起来了。"

"这么重要的事你怎么会记不住呢？"

"不知道，"我说，"奇怪，是吗？"

"不是奇怪，简直是糟糕，"司各特说，"你应该记得。"

"对不起。这很遗憾，对不对？"

"别学英国佬说话，"他说，"认真一点，好好想想。"

"不行，"我说，"毫无希望。"

"你真的得好好回忆一下。"

说话的口气够大的，我想。不知道他是不是对谁都来这一套。我觉得不会，因为我看见他演说的时候出了汗。汗水一小滴一小滴地从他那优美的细长嘴唇上方渗出来，而我就是在那时才把视线从他的脸上移开，向下目测他坐在酒吧间凳子上时架起的双腿有多长的。现在我又把视线挪回他的脸上。这时怪事发生了。

他就这么坐在酒吧间里，手里端着那杯香槟，忽然，他脸上的皮肤似乎紧紧收缩起来，直到浮肿全部消失，然后皮肤缩得更紧了，最后那张脸竟像死人的面皮一般。他的两眼深陷，仿佛已经呆滞不动了，嘴唇紧闭，脸上血色全无，像用过的蜡烛一样苍白。这可不是我凭空想象。我亲眼看到他的脸变得像死人一样。

"司各特，"我说，"你怎么了？"

他没有回答，脸好像收缩得更紧了。

"最好把他送到急救站去。"我对邓克·查普林说。

"不用。他没事。"

"他看上去像快死了。"

"不。他一喝酒就这样。"

我们把他弄进一辆出租汽车。我非常着急，邓克却说他不要紧的，不要为他担心。"他到家的时候大概就会好了。"他说。

他也许是好了。几天后我在丁香园碰见他，我说，那酒把他害得好苦，我感到很不安，可能是我们说话时喝得太快的缘故吧。

"你说你不安是什么意思？什么东西把我害得好苦？你在说什么，欧内斯特？"

"我指的是那天晚上在澳洲犬酒吧的事。"

"在澳洲犬酒吧我根本就没不舒服。我只不过实在讨厌和你在一起的那几个该死透顶的英国人，就回家去了。"

"你在那里的时候没有英国人。只有一个酒吧招待员。"

"别故弄玄虚了。你知道我指的是谁。"

"噢。"我说。大概他后来又回澳洲犬酒吧去了。要不就是他又去了一次。不对，我想起来了，是有两个英国人在场。没错。我想起他们是谁来了。他们确实在场。

"对，是没错。"我说。

"那个姑娘假充贵族，对人十分傲慢无礼，和她一起的还有一个愚蠢的酒鬼。他们自己说是你的朋友。"

"是的。那姑娘有时的确非常无礼。"

"你瞧。用不着看别人多喝了几杯酒就来故弄玄虚。你刚才为什么要故弄玄虚？我还以为你是不会干这种事的呢。"

"我不知道。"我想避而不谈了。忽然我又记起一件事。"他们是为你的领带才无礼的吗？"我问道。

"他们何必为我的领带对我无礼？我系的是一条普通的针织黑领带，配一件白色马球衬衫。"

我只好认输。他问我为什么喜欢这家咖啡馆，我就把这里过去的情况告诉他。他也一个劲儿说他喜欢这家咖啡馆了。我们就这样坐着，我是真心喜欢这个地方，他是在尽力表示喜欢；他问了我许多问题，也大谈了一通作家、出版商、代理人、批评家的情况，谈到了乔治·霍雷斯·洛利马①，还讲了名作家的经济状况和招来的流言蜚语。他对一切都嘲笑挖苦，不断做出滑稽的样子，神情非常快活，显得风度翩翩，似乎在尽量向你献殷勤，即使你平时小心提防向你献殷勤的人，此刻也不见得不受影响。他把自己过去的作品都说得一钱不值，但又没有痛心的意思，很显然，他的新书一定很有成就，才能谈起旧作的毛病时并不痛心疾首。他让我读一读他的新作《了不起的盖茨比》，但要等他把自己仅存的一本从别人手里要回来。这本书究竟好到什么程度，你从他的话里得不到答案，只有

---

① 乔治·霍雷斯·洛利马（1867—1937），美国编辑。

从他那羞怯的态度里才能看得出来。所有谦虚的作家在写出优秀作品时都带有这种羞怯的神情。我盼着他能早点拿回这本书来，好让我早些拜读。

司各特告诉我，他听麦克斯韦尔·珀金斯说这本书销路不好，不过报纸的评论很不错。他给我看了一篇（我记不清是那一天还是以后的事）吉尔伯特·塞尔德斯写的评论文章，把他的书捧得高得不能再高了。要再拔高就只能把吉尔伯特·塞尔德斯本人提高一些。司各特对他的书卖不出去感到不能理解，感到伤心，但是，正像我上面说过的，当时他丝毫不感到痛心，只是对自己的书既羞于提及，又颇为自豪。

这天我们坐在丁香园外面的平台上，看着天色渐暗，人行道上行人匆匆，暮霭渐渐变暗。我们喝了两杯威士忌苏打，但他喝了并没有发酒病。我仔细观察，但上次那样的现象没有出现，他也没有提无耻的问题。他没有做任何令人尴尬的事，没有发表演说，举止完全像个又聪明又有风度的正常人。

他告诉我，他和他的妻子泽尔达上次出去碰上恶劣的天气，只好把他们的雷诺牌小汽车留在里昂。他问我是否愿意陪他坐火车到里昂去，一起把车开回巴黎来。他们夫妇租了一套带家具的公寓房子，在离星形广场不远的梯尔西特路 14 号。当时正值暮春，我想现在乡间一定很美，去了可以好好玩一玩。司各特态度显得非常亲切、非常通情达理，而且我看他喝下了满满两大杯威士忌也没事，看看他现在的风度和聪明的表现，那天晚上在澳洲犬酒吧出的事反而像一场不愉快的梦。因此我说我愿随他去里昂，问他何时出发。

我们说好第二天见面，准备坐上午的快车去里昂。这趟车的发车时间很合适，速度也很快。一路只停一站，我记得好像是第戎。我们的计划是先到里昂住下，把车送去检修，做好出发的准备，然后吃一顿丰盛的晚餐，第二天大早就动身回巴黎。

我对这趟旅行很热心。和一位资格比我老的成名作家同路，在车里交谈，我一定能学到很多有用的东西。现在回想起来把司各特当成老作家觉得很奇怪，但当时我还没有读过《了不起的盖茨比》，所以把他看成了资格比我老得多的作家。我以为他三年前就为《星期六晚邮报》写了不少值得一读的短篇小说，但我一直以为他不是写严肃作品的作家。他在丁香园曾告诉过我他如何写出他认为不错的短篇小说（实际上对《邮报》来说也确实很不错），然后又如何为了向杂志投稿而改头换面，他很懂得怎样改动才能使作品在杂志上有销路。这使我大为吃惊，说我认为这无异于卖淫。他说卖淫是不假，但他不得不这样做，靠杂志挣钱，手头宽裕了才能写体面的作品。我说，我认为谁要是不尽力写出最好的作品而去搞别的花样，一定会毁掉他的才华。他说，他先写出的是好作品，因此以后的删改和摧残对他自己都不会有什么损害。我无法相信这一点，想和他争论一番，改变他的看法，但我必须有一部小说作为后盾，让他亲眼看看，使他信服，可惜我还没有写出这样的小说。自从我开始彻底改变写作方法、摒弃一切技巧以来，我力求以塑造代替描述，写作便有了无穷乐趣。但这样做很不容易，我真不知道自己能不能写出一部长篇小说来。往往整整一上午才写出一段。

　　我的妻子哈德莉很赞成我这次出行，不过谈起她读过的司各特作品她并不觉得有什么好的。她心目中的优秀作家是亨利·詹姆斯。但她觉得我放下工作出去走这一趟，休息休息是个好主意。其实我们俩都盼着能有足够的钱去买一辆汽车，自己出去这样旅行一趟。可我觉得这似乎是永远也实现不了的奢望。波尼和利夫莱特秋天即将在美国出版我的第一本短篇小说集，他们给我寄来了二百美元的预付稿酬，我又把短篇小说卖给《法兰克福报》、柏林的《综观》、巴黎的《本季度》和《大西洋彼岸评论》，我们在生活上又精打细算，除了必需品外什么都不买，攒起钱

亨利·詹姆斯
Henry James

1843—1916

　　十九世纪美国作家，以创作小说为主，也写过许多文学评论、游记、传记和剧本，是英美文学从现实主义过渡到现代主义过程中的关键人物，他的创作对二十世纪现代派及后现代派文学的崛起有着巨大影响。代表作有《一个美国人》《一位女士的画像》《鸽翼》《使节》《金碗》等。

来准备七月份到潘普洛纳、马德里和巴伦西亚去度假。

　　约好从里昂火车站一起出发的那天早晨，我早早赶到车站，在门口等司各特。说好是他拿票来的。可是，火车都快开了，他还没到，我只好买了一张月台票，挨车厢找他。我没找到他，而长长的列车快要开动了，我上了车，走遍了所有车厢，只希望能在车上看见他。车厢很多，但哪节上也没有他。我向列车员解释了一下，买了一张二等票——没有三等——又向列车员打听了里昂最好的一家旅馆的名字。现在唯一的办法是从第戎给司各特打电报，告诉他我将在里昂的哪一家旅馆等他。他动身之前是接不到电报了，不过他妻子大概会接着再打电报转告他的。我那时还从来没听说过一个成年人会误车；然而，这趟旅行中的新鲜事还多着呢。

　　那时候我还是个火爆脾气，动不动就发火，但过了蒙特罗以后，我的怒火就平息了，还有心观赏起乡村景色来。中午我去餐车吃了一顿可口的午饭，喝了一瓶圣埃米利翁牌葡萄酒。我边吃边想：这回我可当了个该死的傻瓜——本来是接受了别人的邀请，由他出资同游，现在我却把自己原打算去西班牙的钱给贴上了——即便如此，对我是一次有益的教训。两个人外出不平摊旅费而由一个人负担，对这样的邀请我是从不接受的，就是这一次，我也坚持了要平摊旅馆和膳食的费用。可是，眼下我连菲茨杰拉德究竟会不会来都不知道。我刚才生气的时候就不叫他司各特而叫他菲茨杰拉德了①。后来我想到自己一开始就把怒火都发泄出来，很快便消了气，又感到高兴了。这可不是为一个爱发火的人安排的旅行。

到了里昂，我得知司各特已经离开巴黎到里昂来了，但他没有交代他准备住在哪里。我又把我的地址说了一遍，女仆说如果他去电话，她就把地址告诉他。夫人身体不好，还在睡觉。我给里昂的各家大旅馆都打了电话，留了言，但还闹不清司各特在哪里。然后我走进一家咖啡馆，打算喝杯开胃酒、看看报。在咖啡馆里，我碰上了一个以表演吞火为生的人。他还用大拇指和食指夹着硬币，放在没牙的嘴里咬弯。他的牙床都肿了，但他张嘴让别人看时还显得很结实。他说干这一行还不错。我请他一起喝杯酒，他很高兴。他的脸很快活，黑乎乎的，吞火时就闪闪发光。他说在里昂表演吞火和手指、牙床的惊人的力量挣不了钱，因为冒牌的吞火者已经把这一行毁了，而且哪里允许他们表演，他们就会在哪里败坏这一行的名誉。他说他已经表演了整整一个晚上，但到了夜里，他身上的钱

---

① 英美习惯，直呼其名表示亲热熟悉，称姓便见疏远。

也还不够买吃的。我请他再喝一杯，把吞火留下的汽油味冲下去，并说如果他能找一家便宜些的好饭馆，我们就可以一起吃晚饭。他说他认识一家很不错的饭馆。

我们在一家阿尔及利亚饭馆吃了一顿非常便宜的晚饭，我很喜欢那里的饭菜和阿尔及利亚葡萄酒。吞火者是个好人，他用牙床嚼东西和别人用牙齿嚼得一样好，因此看他吃饭很有意思。他问我靠什么为生，我告诉他我刚开始靠写作为生。他问我写什么，我说是短篇小说。他说他知道很多故事，其中有一些比已经写出的所有小说都更加可怕、更加不可思议。他可以把这些故事讲给我听，让我写出来，如果赚了钱，该给他多少就给他多少。最好是我跟他一起到北非去，他把我带到蓝色苏丹的国家去，在那里能搜集到别人从未听说过的故事。

我问他是怎样的故事，他说是讲打仗、处死人、折磨人，如何违法，还有各种可怕的风俗和骇人听闻的习惯，放荡淫乱的丑闻，应有尽有。时间快到了，我该回旅馆看看司各特来了没有，于是我付了饭钱，说我们一定还会见面的。他说他要到马赛那边去表演，我说早晚我们会在某个地方碰上的，和他一起吃饭我很高兴。分手后，他开始把咬弯的硬币扳平，整齐地堆在桌上，我独自走回旅馆。

里昂的夜晚冷冷清清的。这个城市很大，资金雄厚，但气氛很沉闷，如果你有钱并且喜欢这样的城市，也许是个好地方。多年来我一直听说这里菜馆烧的鸡驰名遐迩，但我们刚才吃的是羊肉，味道也相当好。

到了旅馆，司各特还是没有消息，我就在旅馆里上了床，读着从西尔维娅·比奇的图书馆借来的屠格涅夫《猎人笔记》第一卷。对旅馆里的豪华设施我有些不习惯，都三年没在大旅馆的奢华房间里住过了。我打开窗户，把枕头叠起来垫在脑袋和肩膀底下，心满意足地跟着屠格涅夫进了俄国，直到拿着书进入梦乡。早晨起来，我正在刮脸，准备出去吃早饭，服务台上来了电话，说楼下有位先生找我。

"请他上来。"我边说边刮胡子，同时倾听清晨就沸腾起来的城市的声音。

司各特没有上来，我下去到服务台找到了他。

"闹出了这场乱子，实在太抱歉了，"他说，"我要是知道你打算去哪家旅馆，事情就好办了。"

"算了。"我说。我们还要同行远路，我只求相安无事，"你坐哪趟火车来的？"

"紧接着你坐的那趟。车上相当舒服，我们真不如乘一趟车来呢。"

"你吃早饭了吗？"

"还没有。我在全城找你。"

"真见鬼，"我说，"你们家的人没告诉你我在这儿吗？"

"没有。泽尔达身体不舒服，我也许根本就不该来。这趟旅行弄得倒霉透了。"

"我们吃点早饭，找到车就上路吧。"我说。

"好。在这儿吃早饭吗？"

"不如在咖啡馆快。"

"不过这儿的早饭一定不错。"

"好吧。"

我们吃了一顿丰盛的美国式早餐，又有火腿又有鸡蛋，相当不错。不过点了菜又等，吃完还等着付钱，差不多花了一小时。直到侍者拿着账单过来时，司各特才决定让旅馆为我们准备一份野外午餐。我想劝他不要这样，因为我知道到了马孔肯定能买到马孔葡萄酒，还可以找一家肉食店买点东西做三明治。即使我们把事情办完后商店已经关门，明天路上可以停下来吃饭的饭馆也有的是。可他说我自己告诉过他里昂的鸡如何有名，我们一定得买一只带上。于是旅馆为我们准备了一份野外午餐，价钱呢，也不过比我们自己买才高上四五倍。

司各特显然和我见面前就喝了酒，看样子还想喝一杯，我就问他要不要在出发之前到酒吧间喝点酒。他说他没有早晨喝酒的习惯，问我早晨喝不喝。我说这完全要看当时的感觉和下一步打算。他说如果我觉得需要喝点酒他就陪我喝，免得我独酌。就这样，我们在酒吧间喝了一杯威士忌掺佩里埃矿泉水，等待野外午餐。喝完之后我们都觉得精神好多了。

司各特要支付一切费用，但我还是付了旅馆费和酒钱。自从动身以来，我就对这趟旅行感到很不是滋味，好像多付一点钱心里还痛快一些。我们为去西班牙而攒下的钱已经快被我花完了，但我知道西尔维娅·比奇很信任我，现在浪费掉的钱将来可以向她借来补上的。

到了司各特寄存车的那个汽车房，看见那辆雷诺小汽车没有顶篷，我不禁吃了一惊。车在马赛卸下时顶篷弄坏了，也可能是在马赛因为别的原因搞坏的，当时泽尔达让人拆掉还不许换上新顶篷。司各特告诉我，他妻子讨厌汽车顶篷，然而，就是因为没有顶篷，他们只开到里昂就被大雨阻住了。这车的其余部分倒还完整无损。拿到清洗、润滑和加两公升汽油的账单，司各特又争辩了一番才付了钱。汽车房的老板对我说，这辆车的活塞环该换新的了，而且车子显然是在缺水、缺油的情况下行驶过。他把车子发热而引起的引擎油漆剥落指给我看，还说，假如我能劝那位先生到巴黎换个活塞环，这辆挺不错的小车就能尽义务了。

"先生不让我装新顶篷。"

"是吗？"

"人得对车负责啊。"

"对。"

"你们二位有没有雨衣？"

"没有，"我说，"我不知道车没有顶篷。"

他恳求似的说："您去想办法劝劝先生，让他考虑考虑，至少要对车负责啊。"

"噢。"我说。

我们刚开出一小时就在里昂以北被大雨阻住了。

那天我们被雨阻住大概有十次，是阵雨，有长有短。要是有雨衣，在这春雨中驱车前进是很惬意的。可惜的是我们不是躲在树下，就是被困在了路旁的咖啡店里。从里昂那家旅馆带来的午餐倒是很可口，一只香喷喷的烤鸡、松软的面包和马孔白葡萄酒。每次停车喝马孔白葡萄酒，司各特都高兴得不得了。我在马孔时又买了四瓶优质葡萄酒，想喝就打开盖。

司各特大概从来没有直接对瓶口喝过酒，瞧他那兴奋的样子，好像在贫民区猎奇，又像一个姑娘头一次不穿游泳衣去游泳一样。可是刚到下午，他就担心自己的身体了。他给我讲了两个人最近得肺充血死掉的事情。那两个人都死在意大利，使他深为震惊。

我告诉他，肺充血是肺炎的旧名称，现已过时，他说我对此一窍不通，完全搞错了。肺充血是欧洲的病，就算我看过我父亲的医书，我对肺充血也不会有什么了解的，因为那些书的论述仅限于美国的各种疾病。我说我父亲也是在欧洲上学的。但司各特说肺充血只是最近才在欧洲出现的，我父亲决不可能知道。他还说，美国各地区的疾病不同，假如我父亲行医的地点不在纽约而在中西部，那他所了解的疾病领域就会完全不同了。他的确用了"领域"这两个字。

我说他关于某些疾病在美国的一个地区流行而在另一地区绝迹的论点有些道理，举了麻风病在新奥尔良的发病率和当时在芝加哥却罕见作为例子。但我说医生之间是经常交流经验和情况的，他的话使我想起我曾在《美国医学会学报》上读过一篇论述欧洲的肺充血的权威文章，将肺充血的起源追溯到希波克拉底①本人。这一下把他的嘴堵上了，我让他再喝一口马孔葡萄酒，因为醇厚而酒精含量

① 希波克拉底（公元前460？—前377），古希腊著名医生，西方医学之父。

低的优质白葡萄酒可以当成治这种病的特效药。

这以后司各特的情绪略高了一些，但没过多久，他又无精打采了，问我在高烧和昏迷到来之前能不能赶到一个大一点的城市。他说高烧和昏迷就是刚才我告诉他的真正的欧洲式肺充血的先兆。我把一篇这种病的专论翻译给他听，并告诉他这篇论文是我在纳伊的美国医院等候做喉部烧灼术时在一本法国医学杂志上读到的。"烧灼术"这样的字眼似乎能对司各特起安慰作用。但他还是想知道我们什么时候才能到达那座城市。我说，抓紧一些的话再有二十五分钟就到了，不需要一小时。

司各特又问我怕不怕死，我说有时候不太怕，有时候怕得厉害。

这时雨下大了，我们开进一个村子，躲进一家咖啡馆。那天下午的详情我记不清了，只记得我们好不容易到了大概是索恩河畔夏龙的一家旅馆时已经很晚，所有药店都关门了。一进旅馆，司各特就脱衣上床。得肺充血死掉他不在乎，他说，唯一的心事是谁来照顾泽尔达和小司各蒂。我真不知道我还能不能照顾他们俩，因为当时我要照顾我妻子哈德莉和小儿子邦比，已经累得筋疲力尽，但我还是说我将尽力而为。司各特向我道了谢。我得尽量不让泽尔达喝酒，还得给小司各蒂找一位英国家庭教师。

我们的衣服都送去让人烘了，身上只穿睡衣。外面还在下雨，但屋里电灯亮着，使人感到很愉快。司各特躺在床上，想保持体力来抵御疾病。我给他按脉，七十二下，摸摸他的前额，很凉。我听了他的心脏，让他做深呼吸，他的心音听起来很正常。

"喂，司各特，"我说，"你完全正常。要想不得感冒，最好的办法就是待在床上。我去要两杯柠檬水和两杯威士忌来，一人一杯。你就着酒吃一粒阿司匹林，吃了就会好的，连头痛都不会有。"

"这是老太婆的土方子。"司各特说。

"你根本没有热度。没有热度你他妈的怎么会得肺充血呢？"

"别骂人，"司各特说，"你怎么知道我没热度？"

"你的脉搏很正常，而且手摸着根本感觉不到发烧。"

"哼，手摸着，"司各特恨恨地说，"你要是真够朋友，那你就去给我找一个温度计来。"

"我还穿着睡衣呢。"

"叫人去买。"

我打铃叫侍者。没有人来，我又拉了拉铃，干脆下楼去找。司各特闭着眼睛躺在床上，缓慢地、小心地呼吸，脸色蜡黄，面容清秀，像个已死的十字军小骑士。假如说

将来我就要过这样的文人生活，那我可是厌烦了。本来我
就为不能写作而感到懊丧，每浪费生命中的一天，到晚间
更有一种死一般的孤寂感。司各特这个人和眼前这幕愚蠢
的闹剧都使我厌烦，但我还是去找了侍者，给他钱去买一
支温度计和一瓶阿司匹林，还要了两杯柠檬汁和两杯双料
威士忌。我想要一瓶威士忌，可这里只论杯卖。

　　回到房间，司各特还像躺在坟墓里一样纹丝不动，闭
上双眼，极其庄严肃穆地呼吸，仿佛是一尊雕像。

　　听见我进屋，他开口了："你把温度计搞来没有？"

　　我走到他跟前，把手放在他的额头上。还不到墓石那
么凉，但一点都不热，也不湿润。

　　"没搞到。"我说。

　　"我还以为你已经买到了呢。"

　　"我让人去买了。"

　　"那是两码事。"

　　"说得对，嗯？"

　　不能对司各特生气，就像不能对疯子生气一样。然而
我还是越来越恨自己为什么要卷进这件蠢事里来。不过他
也是有点根据的，对此我知道得很清楚。那时候的酒鬼大
多死于肺炎，现在这种病几乎已经绝迹。只是很难把他看
作酒鬼，因为他接触的酒精含量实在小得很。

　　当时的欧洲人都认为喝酒就像吃饭一样正常而无害，酒是幸福、健康和欢乐的源泉。喝酒不是势利，不是深于世故，也不是迷信，喝酒和吃饭同样是自然的事情，我还觉得像吃饭一样完全必要。我认为吃饭不喝点葡萄酒、啤酒或苹果酒就根本吃不下去。各种葡萄酒我都喜欢喝，只有甜的和烈性的葡萄酒除外。我怎么也没想到两个人合着喝几瓶清淡、干酸的白葡萄酒竟会在司各特身上引起那么大的变化，使他变得如此愚笨。早晨是喝了一点掺佩里埃矿泉水的威士忌，但我当时不了解喝醉酒的人的特点，所以我想不到一杯威士忌居然会对一个在雨中开敞篷汽车的人产生危害。那点酒精应该是早就氧化了。

　　我坐着看报纸，一边等侍者把我要的几样东西拿来，一边喝干了上一次停车时打开的一瓶马孔葡萄酒。住在法国每天都能从报上读到惊险曲折的犯罪案子，读起来像连载小说一样，必须先读故事开头的几章，因为这里不像美国的连载小说那样有内容提要，要是错过了最重要的第一章，任何一部连载小说都没意思了。假如你只是路过法国，读起报来就觉得失望，因为你不知道各种罪案、桃色事件和隐私丑闻的前因后果，在咖啡馆里读报的乐趣就大大减少了。今天晚上我真想到一家咖啡馆去，读读巴黎的晨报，观察周围的人，喝一点比马孔葡萄酒像样的酒来为晚餐垫底。但我正在照顾司各特，因此只好满足于在这里的乐趣了。

侍者端来了两杯冰柠檬汁，两杯威士忌和一瓶佩里埃矿泉水，告诉我药店关门了，买不到温度计，只借来几片阿司匹林。我让他再去想想办法，尽量搞一支温度计。司各特睁开眼，恶狠狠地盯了侍者一眼。

"你跟他讲了我的病有多严重了吗？"他问。

"我想他知道。"

"请你向他讲清楚。"

我照办了，侍者说："我尽量拿来。"

"让他帮忙，你给了足够的小费没有？他们只有拿了小费才肯干。"

"这我可不知道，"我说，"我还以为旅馆额外给他们钱呢。"

"我的意思是，他们只有拿到大笔小费才肯为你干活。他们中的大多数人都穷得叮当响。"

我想起艾凡·谢普曼和丁香园的那个侍者，想起他在丁香园附设美国酒吧时如何被迫刮去了小胡子，艾凡在我认识司各特以前很久就已经到那侍者在蒙特鲁日的花园里帮他干活，我想到我们都是很好的朋友，在丁香园的友情也已很久了，我还想到那里起的变化和对我们大家的影响。我想把丁香园的这些问题都告诉司各特，虽然我以前很可能已经对他提起过了，但我知道他并不关心侍者和他们的困难，也不在乎他们有多善良、有多友爱。司各特那时很厌恶法国人，而他常接触的法国人只有出租汽车司机、汽车房工人、房东和他所不了解的侍者，这就使他有许多机会来欺侮和辱骂他们。

他恨意大利人更甚于法国人，即使没喝醉，只要一提起意大利人他就压不住火气。他也常常恨英国人，不过有时尚能容忍，偶尔还对他们表示尊敬。我不知道他对德国人和奥地利人是什么看法，不知道当时他到底有没有接触过德、奥或者瑞士人。

那天晚上在旅馆里我真庆幸他显得如此平静。我把柠檬汁和威士忌掺在一起，搅拌好了，连同两片阿司匹林一起递给他。他以令人敬佩的平静神情毫无怨言地吞下了阿司匹林，小口小口地喝威士忌。现在他眼睛睁开了，望着远处。我正读报上的"罪案"栏，心里十分高兴，好像有点过于高兴了。

"你是个冷酷的家伙，你说是不是？"司各特问道。我看了他一眼，马上就明白了：我给他开错了药方（如果说诊断还没错的话）——那杯威士忌在和我们作对呢。

"你这是什么意思，司各特？"

"我都快死了，你还无动于衷，居然能坐在那里读那份肮脏的法国破报纸。"

"你是不是要我叫医生来？"

"不，我可不要肮脏的法国外省医生。"

"那你要什么？"

"我要量体温，然后把我的衣服烘干，我们一起坐去巴黎的快车上纳伊的美国医院。"

"我们的衣服到早晨才能干，再说这时候什么快车也没有，"我说，"你为什么不休息休息，在床上吃点晚饭呢？"

"我要量体温。"

这样闹腾了很长时间，侍者才拿来一支温度计。

"你就只能搞到这样的温度计吗？"我问。侍者刚进门司各特就闭上眼，那样子真和茶花女昏厥过去不相上下。我从来没见过一个人脸上的血色消失得这么快，真不知道他的血都跑到哪儿去了。

"旅馆就这么一支。"侍者说着把温度计递给我。这是一支盆浴温度计，木头底座，还加了铁包皮，放进澡盆肯定能沉到底。我猛喝了一口酸味威士忌，打开窗子，看了看窗外的雨。我转过身，发现司各特正注视我。

我熟练地甩下温度计，说："幸好这不是肛门温度计。"

"这种温度计放哪儿?"

"夹在腋下。"我说着,在我的腋下做了个样子。

"别把温度弄混了。"司各特说。我又用力把温度计甩了一甩,然后解开他的睡衣,把温度计放在他腋下,顺便又摸了摸他清凉的额头,按了他的脉。脉搏七十二跳。温度计放了四分钟。

"我想一般都是只放一分钟的。"司各特说。

"这支温度计大,"我解释道,"测量时间和温度计的面积成正比。这是摄氏表。"

最后我总算把温度计取出,拿到台灯底下。

"多少?"

"三十七度六。"

"多少算正常?"

"这就正常。"

"你没弄错?"

"没有。"

"你自己试一下。我得有把握啊。"

我把温度甩了下去,解开我的睡衣,把温度计放在腋下,看着时间。过了一会儿,我看了看温度计。

"多少?"我仔细读了数。

"完全一样。"

"你感觉如何？"

"好极了。"我说。我还在想三十七度六到底算不算正常。这没什么关系，因为不量的时候温度计稳稳地停在三十度。

司各特还有些将信将疑，于是我问他是不是想让我再试一次。

"不用了，"他说，"病好得这么快是件好事。我的恢复力一向是极强的。"

"你好了，"我说，"不过我想你最好还是在床上待着，稍稍吃点晚饭。我们清早就可以出发了。"我原来打算买两件雨衣的，但要买就得找他借钱，而且我也不想现在就为买雨衣争论一番。

司各特不愿待在床上。他想起床，穿上衣服到楼下去给泽尔达打电话，告诉她他一切平安。

"她怎么会认为你不平安呢？"

"今天晚上是我们婚后我第一夜没和她睡在一起，我一定得和她说几句话。你看得出这对我们俩有多重要吧，嗯？"

我看得出来。可我看不出昨天晚上他怎么能和泽尔达一起睡；不过这也没什么可争辩的。司各特现在一口气喝下酸味威士忌，还让我再去要一杯。我找到那个侍者，把温度计还给他，又问他我们的衣服烘得怎么样了。他估计大约再过一小时能干。"叫管洗烫衣服的人烫一烫就干了。不用干透。"

侍者端来了两杯预防感冒的药水，我喝了几小口，劝司各特也慢慢喝。现在我真担心他会着凉。事情已经很清楚，只要他一得上感冒之类难受的病，他就非住院不可了。然而喝了药水，他又精神了，为这结婚以来头一夜分居的悲剧色彩而感到得意。最后他实在忍不住了，便穿上晨衣，下楼去给她打电话。

电话得过一会儿才能接通。他刚上来不久，侍者又端来了两杯酸味双料威士忌。到那时为止，我第一次见他喝这么多酒，但他喝了居然没事，只是更加活跃、更加唠叨了。他给我讲起了他和泽尔达恋爱的大致经过。他谈到在大战期间他如何与她邂逅，后来如何失而复得，如何结婚，还谈到了大约一年前在圣拉斐尔发生的不愉快事件。他第一次给我讲的泽尔达爱上一个法国海军飞行员的这个故事确实很令人伤感，我相信是真实的。后来他又有了几种不同的说法，好像准备作为小说素材似的，但哪种说法也不如第一次讲的动人。虽然哪一种都可能是真的，但我一直相信第一种说法。这故事一次比一次讲得好，但再也没有像第一次那么打动人心了。

　　司各特口齿伶俐，故事讲得很生动。这时候他用不着拼写字母，也不用琢磨怎么加标点，听他讲和看他的未经修改的信件大不相同，你不会觉得他是个近似文盲的人。我认识他两年后他才闹清楚我的名字是怎么拼的；不过这名字拼起来也实在太长，而且时间越长就越难拼，因此我觉得他最后拼对就很不容易了。他逐渐学会了拼写重要的词语，并尽量有条理地思考更多的大事。

　　可是，这天晚上他要我了解在圣拉斐尔发生的事情，而且还得弄懂其性质、体会其中的奥妙。我对这件事已经了如指掌，眼前仿佛浮现出那架单座水上飞机的影子，看它嗡嗡地在救生艇上空低低地掠过，我能看见海水的碧色、浮筒的形状以及它们投下的阴影，看见泽尔达和司各特棕褐色的皮肤，他们俩深浅不同的金发，看见爱上了泽尔达的那个小伙子黝黑的脸膛。但我不好问一个盘旋在我脑子里的问题：如果这一切都是真的，件件属实，那司各特怎么可能每夜都和泽尔达同衾共枕的呢？但也许正因为如此，它才比当时我所听过的任何事情都更加悲凉。当然也可能是他记错了，昨晚没同泽尔达在一起他不就记错了吗？

　　电话还没接通，我们的衣服已经送来了。我们穿戴整齐，下楼去吃晚饭。这时司各特有些不安稳了，他乜斜着眼睛，用一种挑衅的目光打量别人。我们先喝了一瓶弗勒利酒，吃鲜美的蜗牛。大概吃到一半，司各特的电话来了。他去了差不多有一个小时，最后我把他的蜗牛也吃了，用碎面包把黄油、大蒜和香菜酱全蘸来吃了，喝完了那瓶弗勒利酒。他回来后，我说再给他要点儿蜗牛，但他说不想吃了。他想简单吃点，不要牛排、猪肝，也不要腌肉和煎蛋卷。吃烤鸡还可以。中午我们已经吃过香喷喷的冷鸡了，但这里毕竟还是个以烤鸡闻名的地方，于是我们要了布雷斯小母鸡和一瓶蒙大涅白葡萄酒。这是一种本地出产的甜美的淡酒。司各特吃得很少，小口地喝葡萄酒。忽然，他两手托着脑袋，靠在桌上，不省人事了。他晕得很自然，一点都没有演戏的味道，看上去好像他还小心得很，生怕碰酒或打破了东西似的。我和侍者把他弄到楼上他的房间里，放在床上。我把他的衣服都脱了，只留一件内衣，把脱下的衣服挂起来，然后拿掉床罩盖在他身上。我打开窗，看见天已放晴，就没有关窗。

回到楼下，我吃完饭，还在想司各特。很显然，他应当滴酒不沾才对。是我没有照顾好他。他好像喝什么酒都会兴奋一番，然后就是酒精中毒。我打算明天把喝酒控制在最低限度，就跟他说现在马上要回巴黎了，我必须戒酒，否则就无法写作了。这不是真话。我给自己的限制是

在晚饭后、写作中和写作后绝对不喝酒。我上了楼，打开
所有窗子，脱掉衣服，几乎倒下就睡着了。

第二天，我们驱车经科多尔驶向巴黎。天气极好，空
气格外清新，山峦、田野和葡萄园都换上了新装。司各特
兴高采烈，身体也全好了，在路上把迈克·阿伦①写的每
一部小说的情节都讲给我听。他说，迈克·阿伦是个值得
注意的人物，我们俩都可以从他那里学到好多东西。我说
他的书我看不下去，他说我用不着看，他会把故事情节和
主要人物都讲给我听。他对我大讲迈克·阿伦，就像在宣
读博士论文。

我问他和泽尔达通电话时线路情况好不好，他说还不
错，他们谈了不少事情。路上吃饭我每次都只要一瓶酒精
含量最低的葡萄酒，并对司各特说，我快要写作了，现在
必须控制自己，喝酒无论如何也不能超过半瓶，所以，如
果他能不让我再要酒，那就是帮了我的大忙了。他配合得
极好，一瓶酒快喝完时，他看我不安的样子，便把他的一
份让我喝一点。

我把他送回家，坐出租汽车回到锯木厂楼上的家里，
我见到妻子，真是高兴极了。我们一起到丁香园去喝酒，

---

① 迈克·阿伦（1895—1956），英国小说家。

就像两个孩子久别重逢那么高兴。我把这趟出行的情况告诉了她。

"你一点都不觉得好玩，也没学到任何东西，塔迪？"她问道。

"假如我当时认真听的话，我能了解迈克·阿伦的一些情况，还学到了一些东西，不过目前还没整理出来呢。"

"司各特一点都不高兴？"

"也许高兴。"

"可怜的人。"

"我学到了一条真理。"

"什么真理？"

"千万不要和你不喜欢的人一起出去旅行。"

"这不是好事吗？"

"是。我们还要一起去西班牙的。"

"对。离动身不到六星期了，今年我们决不让任何人来搅乱，对吗？"

"对。去了潘普洛纳以后，我们就去马德里和巴伦西亚。"

"嗯——嗯——嗯——嗯。"她像猫似的轻声哼道。

"可怜的司各特。"我说。

"那些人都可怜，"哈德莉说，"轻浮的阔佬，手里又没有现钱。"

"还是我们幸运。"

"我们得好好做人，保住这点幸运。"

我们俩都碰了一下咖啡馆桌子的木边。侍者走了过来，看看我们要什么。但我们要的东西，无论是这个侍者还是别人，或者是碰木头碰大理石（这咖啡馆桌面就是），都不可能办到。但是，那天晚上我们还没有悟出这一点，只是感到非常愉快。

旅行回来后过了一两天，司各特把他的书拿来了。书的封皮花花绿绿的，我记得当时看了光亮滑溜的书皮和画面上打杀场面的庸俗趣味感到非常别扭。这简直像一本低劣的科学幻想小说的封面。司各特让我不要被封面吓住，这封皮上画的是小说中长岛公路旁的一块广告牌，在小说中起很重要的作用。他说他原来对这封面倒还喜欢，现在不喜欢了。我拿掉封面才读下去。

读完这书，我心里清楚了：不管司各特做事如何不好，举止如何乖戾，我必须明白，那只不过像生了一场病，我得尽量帮助他，做他的好朋友。他有很多非常好的朋友，我认识的人中谁也比不上他的朋友多。但我还是把自己看作他的又一个朋友，不管我能否帮上他的忙。既然他能写出像《了不起的盖茨比》这样出色的作品，我相信他一定能写出更好的书来。这时我还没见过泽尔达，所以还不知道他所承受的巨大压力。不过我们不久就明白这一点了。

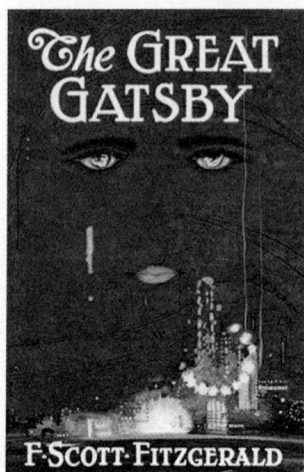

斯克里布纳公司 1925 年出版的
《了不起的盖茨比》封面

　　《了不起的盖茨比》初版于 1925 年
问世，这部小说奠定了菲茨杰拉德在美
国现代文学史上的地位，使之成为二十
世纪二十年代"爵士时代"的"编年史
家"和"桂冠诗人"，以及"迷惘的一
代"的代表作家之一。所谓"爵士时
代"，指一战结束（1918 年）以后、经
济大萧条（1929 年）到来以前的大约
十年时间。《了不起的盖茨比》曾经多
次被改编成电影搬上银幕。

兀鹰不愿分食

司各特·菲茨杰拉德请我们到他家和他妻子泽尔达及
幼女一起吃饭。他家在梯尔西特路14号租了一套带家具
的公寓房间。寓所的陈设我记不清了，只记得里面很阴
暗，空气不流通，好像除了司各特那几本天蓝封面、烫金
书名的处女作以外就没有一样东西是他们的了。司各特拿
出一本很大的分类账簿给我们看，账上逐年记着他发表的
作品和得到的稿费，改编成电影的酬金和售书、版税的收
入，清清楚楚、整整齐齐，就像轮船的航行日记一样仔
细。司各特自豪而不动声色地把这些分类账一一指给我们
俩看，俨然是个博物馆馆长。他神情有些不安，但招待得
很周到，把他的收入账当成了值得一看的东西向我们炫

耀。其实，那屋里没有一件值得看的东西。

泽尔达宿醒未解，十分难受。头天晚上他们在蒙马特尔玩了一夜，司各特不愿多喝酒，他俩吵了一架。司各特告诉我当时他已经决定好好写作，不再喝酒了，可是泽尔达却说他是个煞风景或者使人扫兴的人。泽尔达就是这么说他的，他一反驳，泽尔达又说："我没说你。我根本没这么说过。你瞎说，司各特。"过后她又好像想起了什么，又得意地笑了。

这一天泽尔达神色不好。她那美丽的金发在里昂（当时大雨迫使他们把车留在那里）电烫了一下，现在难看得很，她的眼睛呈现出疲倦的神情，拉长了的脸绷得紧紧的。

她客客气气地招待我和哈德莉，但好像心不在焉，心思还在早晨刚离开的那个晚会上。她和司各特似乎都认为我和司各特去里昂的那次旅行玩得很痛快，羡慕至极。

"既然你们俩可以跑出去玩得那么痛快，我当然也可以和巴黎的好朋友们一起小小地乐一乐才算公平。"她对司各特说。

司各特是个殷勤周到的主人，可我们吃的午饭却非常糟糕，虽然葡萄酒给大家提了一点兴致，但作用毕竟有限。他们的小女儿也是一头金发，胖乎乎的小脸，结结实实的，看上去很健康。她说英语带有浓重的伦敦腔。司各特解释说，他想让她长大后言谈像黛安娜·曼纳斯小姐那样优雅，所以给她找了一个英国保姆。

泽尔达有一双兀鹰似的眼睛，嘴唇薄薄的，言谈举止都是南方人的腔调和派头。从她的表情上可以看出，她的心思一会儿离开饭桌飘向晚上的舞会，一会儿又回来了，眼里翻出猫一样的白眼珠，接着又高兴起来，那高兴的心情由唇边细细的笑纹流露出来，然后又消失了。司各特热情愉快地招待客人，泽尔达看到他也喝了酒，眼睛和嘴角都漾出了笑容。这笑容渐渐在我心里留下了很深的印象，表示她知道司各特写不成东西了。

泽尔达对司各特写作十分嫉妒，在我们和他们熟悉了以后，这种嫉妒就成了常见的事。每次都是司各特先下决心不再搞通宵酒会，准备每天锻炼锻炼，经常不断地写作。每当他写得顺手时，泽尔达就口出怨言，说她烦闷得不得了，接着便把他拉到又一个醉汉云集的酒会上去。他们吵上一架，吵完了又和好，他找我陪他做长时间的散步来醒酒，同时再下决心，说这一次可要真的好好写作了，而且要下笔就成功。结果是一次次重演这一套。

司各特对泽尔达爱得很深，醋劲也很大。散步时，他把她如何爱上一个法国海军飞行员的事讲了许多遍。不过

泽尔达·菲茨杰拉德
Zelda Fitzgerald

1900—1948

原名泽尔达·塞尔（Zelda Sayre），出生于美国蒙哥马利。和菲茨杰拉德相识于1918年，并于1920年结婚。泽尔达是一个有才华的人，会画画、跳舞，也写小说和诗歌，她的日记曾经为菲茨杰拉德创作小说提供过素材。1926年起，泽尔达因患精神病而经常出入医院。1948年，在丈夫去世八年后，泽尔达也在疯人院中离世。

从那以后她就没有再让他为别的男子而吃醋过。今年春天他又为她和别的女子在一起而吃醋了。在蒙马特尔的酒会上，他自己不敢晕过去，也怕她晕过去。他们一向把喝酒时忽然昏厥过去作为保护自己的高招。他们常在睡觉前喝点白酒或香槟酒，那几口酒有酒量的人简直感觉不到，然后就像孩子似的早早入睡了。我见过他们假装昏过去的样子，看上去不像喝醉了酒，倒像是打了麻药一般，这时，他们的朋友（有时是出租汽车司机）就设法把他们弄到床上。等他们一醒，又是精神饱满、兴高采烈了。其实，他们在昏过去之前喝的酒根本不足以伤害身体。

现在，他们的这个天然保护的高招已经不行了。泽尔达的酒量居然超过了司各特，这年春天司各特在和一批朋友一起喝酒或去酒会时总怕她当他们的面昏倒。司各特不喜欢那些酒会，也不喜欢那批人，但他不得不喝下超过自己酒量的酒，同时还得保持一点自制力，否则他就会因受不了那批人和那些酒会而发作起来的。后来，他甚至到了平时该昏过去的时候还得以喝酒来保持清醒。最后，他几乎很少有时间写作了。

他还是想写作。每天都握笔，但总是写不成。他把失败归咎于巴黎这个地方——世界上最适合作家创作的城市，他一直认为他和泽尔达可以找一个地方重新和睦生活在一起。他想到里维埃拉。当时那里还没有大兴土木，周围是无边的、美丽的蓝色海洋，海边一片片沙滩，松树林连绵不断，埃斯特里尔山渐渐伸入海里。他想到了他和泽尔达第一次到里维埃拉时看到的景色，那时候还没有人去那里避暑呢。

司各特给我讲了里维埃拉的情况，要我们夫妇明年夏天一定去，他告诉我们该怎么去，他怎么为我们找一个便宜的住处，我们俩每天都可以努力写作，然后一起游泳，躺在沙滩上把皮肤晒成棕色，只在午饭和晚饭之前喝杯开胃酒。他说，泽尔达到了那里也会高兴的。她喜欢游泳，跳水姿势也很优美，她会满意这种生活，也会愿意让他写作，一切就都井井有条了。他和泽尔达今年夏天就要带上女儿到那里去。

我想劝他改变为迎合某种人的口味而搞他说的那些花样，要尽自己的力量写出好作品来。

"你已经写出了一部好小说，"我对他说，"你不应该再写无聊的东西了。"

"那部小说卖不出去，"他说，"我必须写短篇小说，而且还得是卖得出去的小说。"

"尽最大努力写好，写真实。"

"我会这么做的。"他说。

　　然而，照目前的情况，他能写点东西就很不错了。好多人追逐泽尔达，她说她没有引诱他们，她与他们毫不相干。但她觉得这样很好玩，司各特醋劲大发，只好跟她到处跑。这就写不成了，而她最嫉妒的恰恰是他的写作。

　　那年的春末夏初，司各特千方百计地想写作，但只能断断续续地写上一点。我见到他时，他总是显得非常快活，有时好像是强颜欢笑。他很会开玩笑，是个好游伴。在他情绪极坏时，我就听他诉说他的苦衷，然后使他意识到只要能坚持，他就能发挥他在写作上的天赋，除了死亡，一切都可以改变。这时他就嘲笑自己一番，我觉得只要他还能自嘲，他就没事。在这样的条件下，他写出了一篇很不错的短篇小说《阔少》。我相信他还能写出更好的作品。事情果然如此。

　　那年夏天我们在西班牙，我开始写一部小说的初稿，九月回到巴黎后写完。司各特和泽尔达去了昂蒂布角，秋天我在巴黎见到他，发现他变多了。去了一趟里维埃拉，他根本没有清醒过来，现在白天黑夜都醉醺醺的。他再也不管别人是否在工作，只要他喝醉了，不分白天黑夜都会跑到香圣母院路113号来。对于地位比他低，或者他认为地位比他低的人，他就变得粗暴无礼了。

　　有一次他带他的小女儿从锯木厂大门进来——那天他

们的英国保姆休息，司各特自己照看这孩子——走到楼梯口，她说她要上厕所，司各特就给她脱裤子，住在我们楼下的房东走过来说："先生，前面楼梯的左边就是厕所。"

"我知道，你要是不检点，我连你的脑袋也往里塞。"司各特对他说。

那年秋天他一直很别扭，不过清醒时，他就动笔写一部小说。我很少在他清醒时见到他，但他清醒时，总是谈笑风生，还爱打趣，有时拿他自己开心。可是他一喝醉就找我来了，以搅乱我的写作为乐，那劲头不亚于泽尔达搅乱他工作的劲头。这种情况持续了多年，然而，在那些年里，司各特清醒时是我最忠实的朋友。

1925年秋天，他因为我不愿意给他看《太阳照常升起》初稿的手稿而快快不乐。我向他解释说，在我重读并加以修改之前，这部手稿是不算数的，我不想拿这和别人商讨，也不愿意让人先看。我们约定等奥地利福拉尔贝格的施伦斯那边一下雪就去那里。

我在施伦斯改写了初稿的前半部分，大概是在一月份改完的。我把稿子带到纽约给斯克里布纳公司的麦克斯韦尔·珀金斯看了，然后回施伦斯改完全书。司各特是在四月底，经过彻底修改和删节的稿子送交斯克里布纳公司以后才看到全稿的。我记得曾为这事和他打趣，他担心得

《太阳照常升起》初版封面
斯克里布纳公司1926年出版

　　1925 年夏天，海明威与哈德莉同
一群侨居巴黎的朋友去西班牙看斗牛，
其间有人因争风吃醋而发生了争吵和斗
殴。这件事触动了海明威，他将无谓的
争吵升华为第一次世界大战后青年一代
不同的人生观、价值观的冲突与碰撞，
创作出长篇小说《太阳照常升起》。小
说初版的封面设计使用了希腊风格的图
案，让人联想到在两性问题上很开放的
古希腊时代。该书出版后，在青年读者
中风行一时，但对老一代读者（包括海
明威的父母）来说，这是一部大逆不道
的作品。海明威由此成为"迷惘的一
代"的代表作家之一。

很，急于要事后帮忙。可是，我修改时并不想让他帮忙。

我们住在福拉尔贝格时，我正忙于改完全稿，司各特和妻子女儿已经离开巴黎到下比利牛斯山的一处温泉胜地去了。泽尔达病了，是常见的喝香槟酒过多引起的肠道不适，那时诊断为结肠炎。司各特没有喝酒，而是着手写作。他想让我们六月份到朱安莱潘去，他们要为我们在那里找一处便宜的别墅，这一次他决不喝酒，要像在过去的好日子那样去游泳、锻炼，晒黑皮肤，中饭晚饭前都只喝一杯开胃酒。泽尔达身体已经恢复了，他俩都很好，他的小说写得也非常顺利。《了不起的盖茨比》改编成了话剧，演出很成功，使他有了收入。这出话剧还能拍成电影赚钱，所以他根本不愁。泽尔达确实很不错，一切都会安排得有条有理的。

五月间我一个人在马德里写作，后来买了一张三等车票从巴荣纳来到朱安莱潘。我稀里糊涂地把钱花光了，路上只在法国西班牙交界处的昂代吃了一顿饭，到站时肚子饿极了。我们的别墅很不错，离司各特那栋漂亮的房子不远。我的妻子把别墅收拾得整整齐齐，见到她和我们那些朋友我高兴极了。午饭前的一杯开胃酒味道很好，我们又喝了几杯。当晚在娱乐场举行了一个欢迎我们的小型晚会，参加的只有同一别墅的麦克利什夫妇、墨菲夫妇、菲茨杰拉德夫妇和我们。大家都喝度数在香槟以下的酒，气氛很融洽。这显然是个写作的好地方。写作所需要的一切这里都具备，缺的只是清静。

泽尔达的皮肤晒成了好看的金褐色，配上美丽的金发，显得很漂亮。她十分热情，那双鹰眼清澈而平静。我知道一切都很顺利，最后也会兴尽而散。正在这时，她忽然向前凑了凑，仿佛是在透露她心里的一个重大秘密似的说："欧内斯特，你不觉得艾尔·乔逊①比耶稣更伟大吗？"

当时谁也没当一回事。这只不过是泽尔达的秘密，她让我分享了，就像兀鹰也会和人分食一样。然而兀鹰是不愿分食的。司各特就再也没有写出过好作品，直到他得知她神经不正常以后才有了好转。

---

① 艾尔·乔逊（1880—1950），美国著名娱乐演员。

尺度问题

　　过了很久，泽尔达第一次有了当时被称为精神崩溃的症状，那时我们正好也在巴黎，有一天司各特请我到雅各路圣父路口的米肖饭店去吃午饭。他说有一件非常重要的事要问我，这件事是他的头等大事，所以我必须给他绝对诚实的回答。我说我一定尽力去做。每次他让我绝对诚实地回答问题（这绝非易事）我都如实回答，但我的话总是惹他生气，不过不是在当时，而是在事后，有时过了很长时间，他仔细琢磨一阵才发火。于是我的话就成了必须根除的东西，可能的话连我也得搭上。

　　午饭时他喝了葡萄酒，不过喝了以后没起什么变化，午饭前他也没有特意喝酒。我们谈了我们的写作，谈了其他人，他问及几个我们最近没见到的人。我知道他正在写一篇很不错的东西，也知道由于各种原因，他在写作中碰到了很大困难，但他要谈的不是这个。我一直等他谈要我绝对诚实地回答的那件事，可他定要等到饭后再提，好像我们是在共进工作午餐似的。

最后，我们开始吃樱桃馅饼，喝最后一瓶葡萄酒了，他才说："你知道，除了泽尔达，我可从来没有和任何人睡过觉。"

"不，我不知道。"

"我觉得以前好像对你说过。"

"没有。你对我讲了很多事情，不过没讲这个。"

"这正是我要问你的。"

"好。讲吧。"

"泽尔达说我生来就满足不了任何女人，她最初就是为这个才恼火的。她说这是个尺度问题。自从她说了这话以后，我就觉得自己和以前不一样了。我一定要把这事弄清楚。"

"到办公室来一下。"我说。

"办公室在哪儿？"

"就是厕所。"我说。

我们回到屋里，在桌旁坐下。

　　"你完全正常，"我说，"没问题。你没有一点毛病。你从上往下看自己，当然就觉得短了。到卢浮宫去看看那些雕像，再回家用镜子照照侧影吧。"

　　"那些雕像不见得准确。"

　　"他们挺标准的，大多数人都和他们一样。"

　　"可是她为什么要这样说呢？"

　　"为了让你丧失信心。这是世界上使别人丧失信心的最古老的办法。司各特，你让我对你说真话，我还可以告诉你很多别的事，但这是绝对的真话，你需要的也就是这句话。你应该去找医生看看。"

　　"我不想去找医生。我要的是你把真话告诉我。"

　　"现在你相信我吗？"

　　"不知道。"他说。

　　"走，到卢浮宫去，"我说，"就在街那头，河对岸。"

　　我们来到卢浮宫，他看了看那些雕像，还是不相信自己。

　　他说："有一个姑娘一直对我很好，可是，从泽尔达说了那话以后——"

　　"别管泽尔达说了什么，"我对他说，"泽尔达神经不正常。你一点儿毛病都没有。要有信心，按照那姑娘的愿望去做。泽尔达是想毁了你。"

"你不了解泽尔达。"

"好吧，"我说，"就到此为止。可你来吃午饭是为让我回答问题，我已经尽力给了你诚实的答复。"

但他仍然将信将疑。

"我们去看几幅画好不好？"我问，"除了蒙娜·丽莎，你在这儿还看过别的画吗？"

"我现在没心思看画，"他说，"我和几个人约好了到里兹酒吧去会面。"

多年以后，第二次世界大战结束已经很久了，有一次在里兹酒吧，司各特住在巴黎时当过跑堂、现任总管的乔治问我："爸爸①，那位人人都向我打听的菲茨杰拉德先生究竟是谁呀？"

"你那时候不认识他？"

"不认识。那时的人我都记得。可是现在，别人只向我打听他的事。"

"你告诉了他们些什么？"

"他们想听的趣闻，他们爱听什么我就说什么。不过，告诉我，他是谁？"

"他是二十年代初期的一位美国作家，后来在巴黎和

---

① "爸爸"是海明威的绰号之一。——编者注

国外其他地方住过一段时间。"

"那为什么我记不得他了呢？他是个优秀作家吗？"

"他写了两本非常出色的书，还有一本没写完。据研究他的作品的专家说，那本书要是写出来一定非同凡响。他还写过许多很好的短篇小说。"

"他常到这个酒吧来吗？"

"我想是的。"

"可是，您在二十年代初没到这个酒吧来过呀。我知道那时您很穷，住在另一个区里。"

"我手里有钱的时候就到克里翁去。"

"那我也知道。我们第一次见面的情形我还记得很清楚。"

"我也是。"

"奇怪的是我竟然对他没有印象。"乔治说。

"所有那些人都死了。"

"可是，人死了不见得就被遗忘了，老有人向我打听他。您一定得讲一些他的事，让我写进回忆录里去。"

"好吧。"

"我记得有一天晚上您和冯·布里克森男爵来过——那是哪一年？"他笑了笑。

"他也死了。"

"是啊。不过大家还是没有忘记他。您懂我的意思了吗？"

"他的第一个妻子文章写得非常漂亮，"我说，"她写了一本关于非洲的书，大概是我读过的介绍非洲的书中最好的一本，不过塞缪尔·贝克爵士论述阿比西尼亚境内的各条尼罗河支流的那本除外。既然你对作家有兴趣，就把这个写进你的回忆录吧。"

"好，"乔治说，"这位男爵可不容易忘记。那本书叫什么名字？"

"《离开非洲》，"我说，"布里克森一向为他第一个妻子的作品而自豪。不过我们在她写那本书之前很久就已经认识了。"

"还有，别人老向我打听的那位菲茨杰拉德先生呢？"

"他是法兰克当总管时的常客。"

"是啊。不过那时我是跑堂。你知道什么是跑堂。"

"我打算在一本关于早期巴黎生活的书里写一些他的情况。我答应自己一定要写的。"

"好。"乔治说。

"我要照我第一次见到他时的印象描写出来。"

"好，"乔治说，"假如他确实到这里来过，我应该能想起他来。人毕竟不会轻易被遗忘的。"

"游客吗？"

"自然。可您说他常上这儿来？"

"他很喜欢这里。"

"您就按您对他的印象去写。假如他真来过这里，我也会记起他来的。"

"好吧。"我说。

巴黎的生活永远写不完

我们家的成员从两个增加到了三个以后，最终促使我们下决心在冬季搬出巴黎的就是寒冷和恶劣的天气。独身时，只要习惯了问题就不大。我随时都可以到一家咖啡馆去写作，有一杯奶油咖啡就能工作一个上午。侍者清扫一阵以后，屋里渐渐就暖和了。我的妻子可以去教钢琴，虽然那地方很冷，但只要穿上厚厚的毛衣，不停地弹下去，就能保持身上暖和，完了再回家给邦比喂奶。冬天是不能把婴儿带到咖啡馆去的，即使是个从不哭叫的婴儿，总在那里注视周围发生的一切事情，百看不厌，那也不行。那时还不兴代管婴孩，邦比就和他那只可爱的大猫 F. 帕斯一起高高兴兴地待在他的高栏小框床里。有人说让猫和孩子单独相处是很危险的。那些最偏执、无知的人甚至说猫会堵住婴儿的呼吸道，把他憋死。还有人说，猫会趴到婴儿身上，它的重量使孩子窒息而死。可是，在那高高的小框床里，F. 帕斯躺在邦比身边，用黄色的大眼睛紧盯门口，我们不在家时，它决不让任何人靠近邦比，弄得女佣玛丽也只好走开。我们根本用不着找人代管婴孩，F. 帕斯就是保姆。

　　不过，穷人带个孩子在巴黎过冬是太艰苦了。我们那时正穷得厉害，因为我从加拿大回来后就完全放弃了新闻写作，写的短篇小说又根本卖不出去。刚刚三个月的邦比在一月份乘坐丘纳德公司的一艘小客轮从纽约出发，经过哈利法克斯，航行十二天，横渡北大西洋。路上他一声都没哭过，就是在狂风暴雨的时候，我们怕他掉下去，把他层层挡在船上的铺位里，他还高兴地咯咯笑呢。可是，我们的巴黎对他来说是太冷了。

　　我们去了奥地利福拉尔贝格的施伦斯。路上穿过瑞士，在费尔德克希到达奥地利边境。列车经过列支敦士登，停在布卢登茨，那里有一条小铁路支线，沿一条卵石河底、鳟鱼游弋的小河向前延伸，穿过溪谷中的农庄和森林通到施伦斯。施伦斯是一个阳光灿烂的集镇，镇上有锯木厂、商店、小旅店，还有一家常年开放的好旅馆"飞鸽旅店"，我们就住在这里。

　　飞鸽旅店的房间宽敞而舒适，有大火炉、大玻璃窗，还有铺着柔软的毛毯和羽毛床罩的大床。这里的伙食简单而可口，餐厅和贴板酒吧都很暖，给人亲切的感觉。外面的溪谷宽阔，因此阳光充足。我们三个人每天的膳宿费约两美元，奥地利先令由于通货膨胀而下跌，我们实际的膳宿费不断下降。这里没有德国出现过的那种致命的通货膨胀和贫困现象。先令时涨时跌，但总的趋势还是下跌的。

　　从施伦斯上山没有滑雪吊索，也没有缆索铁道，但从各个山谷通向高山地带有伐木小道和放牛小径。爬山时把海豹皮绑在滑雪板底下，到了山谷的顶峰就有登山俱乐部为夏季登山者盖的大棚屋可以过夜，烧了木柴就留下应付的钱。有些棚屋需要自带木柴，打算在高山和冰川里做长途游览的人要雇人把木柴和补给物资随队运上，建立营地。高山营地棚屋中最有名的几处是林道尔之家、麦德兰纳茅舍和维斯巴登之家。

　　飞鸽旅店后面有一条类似练习场的斜坡，滑雪下坡的时候就穿行在果园和农田之间，山谷对面的查冈后边是另一块平滑的斜坡，那里还有一家漂亮的小旅店，它的饮料间四面墙上挂了各种各样精美的羚羊角。从山谷边缘的查冈伐木山庄后面开始，理想的滑雪场地向上延伸，翻过山峰，穿过希尔佛莱达进入克劳斯特斯地区。

施伦斯这个地方对邦比的健康很有益处，我们找了一个深褐色头发的漂亮姑娘照看他，她常把邦比放在小雪橇里带到阳光下去玩。这山区和村庄对我和哈德莉都是新鲜的，镇上的人对我们也很友善。瓦尔特·伦特先生刚开始创办一所高山滑雪学校，我俩都报了名。伦特先生是最早开始高山滑雪的人，他曾经和著名的阿尔贝格滑雪家汉斯·施奈德合作制造登山和各种不同条件的雪地上使用的滑雪板蜡。瓦尔特·伦特的教学方法是尽快让学员离开练习坡，到高山上去长途滑行。那时的滑雪与现在不同，脊椎骨折还不多见，滑雪者连断一条腿都是很危险的。滑雪区没有巡逻救生队。想滑下来你就得先爬上去，这样才能练出滑行下坡的双腿。

瓦尔特·伦特认为滑雪的乐趣就在于爬上最高的山峰，到那阒无人迹、雪地上没有任何印辙的地方，然后开始滑行，越过阿尔卑斯山顶的隘口和冰川，从登山俱乐部的一个棚屋滑到另一个棚屋。绑滑雪板时应当注意防止因为太紧而摔断腿骨，要在摔伤之前就能自动脱开。伦特最喜欢的是不捆绳子在冰川上滑行，但那要等到春天裂缝都基本弥合了才行。

我和哈德莉第一次学滑雪是在瑞士，从此我们爱上了滑雪，哈德莉快生邦比时，我们又到了白云石山区的科蒂纳丹佩佐。米兰的医生曾允许她继续滑雪，条件是我保证不让她摔倒。这就需要非常仔细地挑选地形、路线和绝对稳健地控制住滑雪板。她有一双美丽而强健的腿，又有控制滑雪板的能力，因此她一次都没有摔倒过。我们都熟悉不同的雪地条件，每个人都学会了如何在粉状厚雪里滑行。

我们喜欢福拉尔贝格，也喜欢施伦斯。我们经常是感恩节前后去，一直住到复活节临近时才离开。每次去都能滑雪，不过施伦斯的地势还不够高，除了多雪的冬天以外不能算作滑雪胜地。可是登山也很有意思，那时候的人也都不怕累。登山时把脚步放慢，大大低于最高攀登速度，这样爬起来就很轻松，心脏感觉也很好，还可以为自己背囊的重量感到自豪。到麦德兰纳茅舍有一段路相当陡峭，极难攀登，可是爬第二次时就容易多了，最后能背负两倍于第一次攀登时的重量而轻松地登上山顶。

我们成天都觉得肚子饿，因此吃每顿饭都成了一件高兴的事。喝的酒是淡啤酒、黑啤酒、新酿葡萄酒，有时也喝存了一年的葡萄酒。最好的是白葡萄酒。平时喝的还有山谷特产樱桃酒、山龙胆蒸馏的恩齐安烧酒。晚饭有时能吃到土锅炖野兔，上面浇一层甘美的红酒调味汁，有时能吃上栗子酱鹿肉。凡是有这一类的菜，我们就喝红葡萄

酒，这比白葡萄酒贵，最好的一种要二十美分一升。普通
红葡萄酒则便宜得多，我们常常买上几桶带到麦德兰纳茅
舍去。

我们带来了西尔维娅·比奇借给我们冬天看的一批
书，我们可以到旅馆的夏季花园对面的小胡同里去和镇上
的居民玩滚木球。旅店餐厅里每周玩一次扑克，不过得把
窗户全部放下，门也锁上，因为当时的奥地利是禁止赌博
的。一起打牌的有我、旅店老板纳尔斯先生、高山滑雪学
校的伦特先生、镇上的一位银行老板、一位检察官，还有
宪兵队的队长。打牌时气氛很拘谨。他们打得都很不错，
只有伦特先生太急躁，因为他的滑雪学校景况不佳。宪兵
队长一听见两个巡逻宪兵在门外停住脚步就把手指放到耳
边，我们立刻沉默下来等他们走开。

天刚亮，女仆就在清晨的寒气中走进屋来，关上窗
户，给大瓷炉子生上火。于是屋里暖和起来，我们开始吃
早饭，有新鲜面包或烤面包片，有甘甜的蜜饯水果，大碗
咖啡，新鲜鸡蛋，想吃的话还有优质火腿。床脚旁睡着一
只名叫施瑙兹的狗，喜欢跟出去滑雪，趴在我背上或肩上
冲下雪坡。这狗也是邦比先生的朋友，常在小雪橇旁跟邦
比和保姆出去散步。

施伦斯是写作的好地方。我很清楚这一点，因为我最

困难的一次修改工作就是于1925年和1926年的冬天在那里完成的。那时我只好把六个星期一气写成的《太阳照常升起》的初稿带去修改，写成一部长篇。我在那里写了哪几篇短篇小说已记不清了，反正很有几篇好的。

我还记得那里路上的雪，夜里，我们在严寒中扛上滑雪板和雪杖，沿通向村里的小路走回家去，脚下的雪踩得吱吱作响，我们望着灯光，走近了才看清房屋，路上碰到的每个人都说一声"你好"。酒吧间里每天都坐着脚穿钉靴、身穿山区服装的村民，烟雾缭绕，地板上被钉子划出了一道道痕迹。这里的许多年轻人都在奥地利的阿尔卑斯军团里服过役，其中有一个叫汉斯的跟我是好朋友，因为我们曾在意大利同一山区作过战。他在锯木厂工作，是个远近闻名的猎手。我们一起喝酒，大家同声高唱山歌。

我还记得那条穿过村子上面的山间农场果园和田地的滑雪道，记得那些温暖的农舍，屋里有大火炉，雪地上堆着大垛木柴。妇女在厨房里梳羊毛，再把羊毛织成灰线和黑线。手纺车靠脚踏，纺出的线不再染色，要黑线就用黑羊毛纺。羊毛都是天然的，连油脂都没去掉。哈德莉用这种毛线织的帽子、毛衣和长围巾沾了雪也不湿。

有一年圣诞节，镇上演了一出汉斯·萨克斯的话剧，由学校校长导演。这出话剧不错，因此我为当地报纸写了

一篇剧评，由旅店老板译成德文。还有一年，一个前德国
海军军官到这里做了一次关于日德兰战役的演讲。这个人
剃光头，脸上有不少伤疤，用幻灯片表明了两支交战舰队
的行动，还拿一根台球杆当教鞭，指出杰利科①的怯懦，
有几次气得嗓音都变了。学校校长直担心他的台球杆会戳
穿幕布。讲完以后，这个前海军军官还平静不下来，酒吧
间里每个人都很尴尬。和他一起喝酒的只有检察官和银行
老板，而且是各在一桌。伦特先生老家在莱茵省，所以他
拒绝来听演讲。在场的有从维也纳来滑雪的一男一女，那
男的说就是像这个演讲者一类的猪猡毁了德国，而且二十
年以后他们还会再次毁灭德国。和他一起的那个女人用法
语叫他住嘴，还说这是个小地方，人心难测。这对男女不
想上高山，准备到楚厄去，后来我听说他们死于雪崩。

　　那一年雪崩死了很多人。第一次重大死亡事件发生在
阿尔贝格的莱希，就在我们山谷上的山峰之间。一批德国
人打算在圣诞节度假时来跟随伦特先生滑雪。那年雪下得
晚，山峦和高坡一直受阳光照射，下大雪时地上还很暖。
雪下得很厚，呈细粉状，根本没有在地表冻住。在这样的
雪地上滑雪再危险不过了，伦特先生打电报叫他们不要

---

① 杰利科（1859—1935），英国海军将领，率领英舰队在日德兰与德海军交战。

来。但是，他们正逢假日，也不懂雪崩是怎么回事，不怕雪崩，就这样跑到了莱希。伦特先生拒绝带他们去滑雪，有一个人骂他是胆小鬼，说要自己去滑。最后他把他们领到一处他所能找到的危险最小的斜坡上，他自己滑过去了，他们跟着滑下坡，但整个山坡轰的一声倒了下来，像股大浪似的盖过了他们。事后挖出了十三个人，其中九个已经死了。出这事之前高山滑雪学校就不兴旺，这一来我们就差不多是唯一的学员了。我们学到了很多关于雪崩的知识，了解了不同类型的雪崩，还学会了如何躲开雪崩，万一被困在雪崩中如何自救。那年我写的东西大部分都是在雪崩期间完成的。

那个多雪崩的冬季给我留下的最可怕的记忆是一个被挖出来的人。他是蹲着的，两臂在头部前方挡成一个方口，这是我们学过的动作，目的是在雪慢慢盖过头顶时能有点呼吸的空气。他碰到的是一场大雪崩，埋住的人在事后很久才被全部挖出来，而他是最后被发现的。他刚死去，脖子已被戳穿了，筋和骨头都露了出来。他一直在向两边摆动脑袋，想摆脱雪的压力。这场雪崩中坍下来的雪一定有一些多年的硬积雪和刚滑下来的松软新雪混在一起。我们无法肯定他是有意地这样摆头还是由于精神失常才这么做的。当地的教士拒绝将他葬入教堂墓地，原因是无法证明他是天主教徒。

住在施伦斯的时候，我们经常出去远足，沿山谷走到山边的小旅店，在那里睡上一觉，然后再向麦德兰纳茅舍攀登。那是一家很漂亮的老式旅店，我们饮食的那间屋子的板墙由于多年擦拭而光滑发亮。桌椅也是亮锃锃的。夜里，我们盖着羽毛被褥，挨得紧紧地在一张大床上睡觉。窗户敞开，星星显得近而明亮。清晨，我们吃完早饭，背上全套装备，在曚昽的晨光中沿着小路向上攀登，我们肩扛滑雪板，走路时觉得星辰又近又亮。搬运夫的滑雪板都很短，别的东西都背得很重。我们互相比赛，看谁攀登时背的东西最重，但谁也比不过搬运夫。他们都是农民，面色阴沉，身材矮胖，只会说蒙塔冯方言。他们像驮马似的不紧不慢地攀登，到了山顶，找到登山俱乐部靠盖雪的冰川悬崖建的棚屋，把背上的东西向石墙边一放，张口就要运费，比商定的价钱高得多。对方妥协之后，他们便踩上短短的滑雪板飞速滑下山坡，像地下精灵似的不见了。

我们的滑雪朋友中有一位德国姑娘，她身材娇小，体态优美，高山滑雪技巧非常熟练，她的背囊和我的一样重，但背的时间比我长。

"那些搬运夫看我们的眼光好像希望把我们当死尸拖下去似的，"她说，"上山的价钱是他们定的，可我就没听说过他们有哪一次不多要价的。"

冬天在施伦斯，我就留起连腮胡子，稍稍挡住高山雪地上把脸晒得火辣辣的灼热阳光，我也不愿去理发。一天夜晚，我们沿伐木小道滑雪下山，伦特先生告诉我，我滑雪经过的施伦斯上面那几条路上的农民都叫我"黑基督"。他说，有些农民到酒吧间里就说我是"喝樱桃酒的黑基督"。然而，另一些农民，就是我们雇挑夫上山的蒙塔冯顶上的农民，却把我们看作一批外国魔鬼，在不该进入高山的时候偏要进去。至于我们，天不亮就出发，以躲开太阳一晒就有发生雪崩危险的地带，并不是我们聪明。那只是证明了我们像其他外国魔鬼一样狡猾。

我还记得那松树林的气息，记得我们在伐木工人的小屋里躺在山毛榉叶子做的床垫上睡觉的情形，也记得如何在森林中跟随野兔和狐狸的踪迹滑行。有一次我在树木生长线以上的高山上跟随狐狸足迹滑行，追到能看清的距离以内，狐狸先抬起右前腿站立片刻，又小心翼翼地放下腿，停一下，再猛地一蹿，惊起一只松鸡，只见白光一闪，松鸡飞出雪地，越过山脊去了。

我记得大风刮过，积雪千姿百态，滑雪时雪又对你多方捣乱。住在高高的登山棚屋里还会遇上暴风雪，雪止后外面便成了一个陌生的世界，我们得非常谨慎地选择滑雪

海明威、哈德莉和邦比在奥地利滑雪时的合影 ／

路线，就像从未见过这块地方一样。我们就是没见过，这些全是新鲜的。最后，快到春天时，激动人心的冰川滑雪开始了——平稳、笔直，只要腿能顶得住，你就能永远笔直地滑下去。我们紧挨踝骨，弓着身子向前探出，飞速地在坚硬的碎冰发出的咝咝声中直向下滑，周围安静极了。这样滑雪比飞行、比其他任何活动都更有意思。我们背着沉重的背囊长途攀登，练出了这样滑雪的本领。靠花钱是上不去的，买不到去山顶的票。这就是我们苦练一冬的目标，一冬的努力才有此成绩。

在山区的最后一冬，不少新来的人深深地闯进了我们的生活，一切都变了样。那个多雪崩的冬天和下一年的冬天比较，前者像天真烂漫的童年时代，后者表面上看来比哪一年都欢乐，实际是一场噩梦，随之而来的是可怕至极的夏天。富翁就是在这一年出现的。

那些富翁有"导航鱼"①在前探路。他有时耳朵不太好，有时眼睛有点花，但总是客客气气、战战兢兢地在前面为他们探路。"导航鱼"说起话来是这样的："噢，我不

---

① 这里的"导航鱼"系指约翰·多斯·帕索斯（1896—1970），美国小说家。1916年毕业于哈佛大学，参加过第一次世界大战，写成《三个士兵》，是最早反映美国青年一代厌战和迷惘情绪的作品。

知道。不，当然啦，真的不是。不过我喜欢他们。他们两个我都喜欢。是的，上帝作证，海姆，我确实喜欢他们。我知道你的意思，可我真的特别喜欢他们，她不知怎的就他妈的那么好。"（他说出了她的名字，口吻极为爱慕。）"不，海姆，别瞎来。别找别扭。我真的喜欢他们。我发誓，两个人我都喜欢。你一见面就会喜欢他的（他用了他的昵称）。他们俩我都喜欢，真的。"

于是，富翁一个个跟上来了，一切都和从前不一样了。探路人当然走了。他总是刚从一地来又到一地去，从不多留。他出入政界、戏院，就像他年轻时出入各国和别人的生活一样。他永远不会被抓住，现在也没有被富翁抓住。什么事都抓不住他，只有那些信任他的人才被抓住，被杀掉。他年少时便学成了一个本性难改的伪君子，还有隐藏着的、一直否认的对金钱的贪婪。他每赚一美元便向富翁靠近一分，最后自己也发财成了富翁。

那些富人喜欢他是因为他羞涩、滑稽、令人难以捉摸，因为他已经出成果，还因为他是从不出错的"导航鱼"。

有这样两个人，他们互相爱恋，生活幸福、愉快，其中一个或者他们两个在做真正有价值的工作，那么周围的人肯定会被吸引到他们身旁，就像候鸟在夜间被强大的灯塔所吸引。如果这两个人的意志像灯塔一样坚固，撞毁的只会是候鸟，他们是安然无损的。然而，那些由于幸福和成功而吸引他人的人往往是没有经验的。他们不懂得如何防止被别人压倒、碾过，也不知道该如何脱身。他们不常听说这些没有坏心的富人，不知道其中有的善良，有的慷慨，有的漂亮，有的娇媚，有的见面便能使人倾倒，有的善于体谅人，这些富人每天都像过节一样生活，任何东西一经他们之手，其中养分便被吸取一空，余下的残渣比匈奴铁蹄践踏过的草原还要缺乏生机。

那帮富人是"导航鱼"领来的。一年前他们才不会到这里来，那时事情还没有把握。写作和一年后一样顺利，生活还更愉快些，但那时还没有写出过一部小说，所以他们还拿不准。他们从来不在拿不准的事情上浪费时间、浪费感情。何苦来呢？毕加索是有定评的，可以说早在他们听说过绘画之前就出了名。他们对另一位画家也很有把握。还有别的许多画家。但这一年他们对我也有了把握，从"导航鱼"那里听到了消息。"导航鱼"自己也来了，这样我们就不会觉得他们是不速之客，我也不会故意找岔子了。当然，那条"导航鱼"是我们的朋友。

那时候我很信任这条"导航鱼"，就如同我相信地中海水道航行校正指示和《布朗航海年鉴》的资料一样。受了这些富人的诱惑，我简直像条猎犬那么盲从和愚蠢，见到带枪的就想跟着一起出猎，或者傻得像头马戏团里经过训练的猪，好容易才找到一个人，就让他只喜爱和欣赏它自己。每天都像过节那样豪华，在我可是个了不起的新发现。我甚至为他们高声朗读自己小说中已经修改过的部分——这是一个作家所能做出的最低下的事情，这对他的写作生涯是极其危险的，比在隆冬大雪盖住裂缝之前不绑滑雪板在冰川上滑行都要危险得多。

　　每当他们说"了不起，欧内斯特。真是了不起。你自己都不知道它的魅力"时，我就美滋滋地摇晃尾巴，走进他们那种豪华生活的圈子，想看看能否叼点诱人的好东西回来，我根本没有这样考虑："既然这些混账家伙喜欢，那一定有些不对头的地方吧？"如果我是职业作家，我一定会这么想，不过，假如我真是职业作家，就决不会把小说念给他们听。

　　这些富人到来之前，已经有另一个富人利用同样古老的方式打进我们中间了。一个未婚少女①忽然成了一个已婚妇女的临时知心朋友，于是搬来和他们夫妇住在一起。

────────

① 这里的"富人"和"未婚少女"系指海明威的第二任妻子，当时任《时尚》杂志编辑的波林·法伊芙。

这时，她便在不知不觉之中，天真而无情地一步步设法赢得别人的丈夫。这丈夫是个作家，正在进行困难的工作，成天忙碌，很少有时间陪伴妻子，有个朋友陪她自然有好处，但后果就不好了。丈夫工作结束后，发现身边有两个漂亮姑娘。其中一个姑娘是新奇而陌生的，如果他该倒霉，他就会同时爱上这两个人。

这样，他们就不是两个成人带一个孩子，而是三个成人了。起初是兴奋、有趣，而且能保持一段时间。所有邪恶都是从清白纯真中开始的。就这样，你一天天享受自己已有的东西，无忧无虑。你开始说谎，又恨说谎，这就毁了你，情况日渐危险，你就像打仗一样一天天拖下去。

有一次我必须离开施伦斯去纽约另找出版商。我在纽约办完事，回到巴黎，本应乘东站的第一班火车到奥地利去，但我爱的那个姑娘正在巴黎，因此我没有乘第一班火车，也没有乘第二班、第三班火车。

后来，火车沿木材堆开进车站，我又看见了站在月台上的妻子，这时我想，如果我不爱她而去爱别人，真不如死了好。她微笑着，阳光照在她那晒成棕褐色的漂亮脸蛋上，体态优美，头发在阳光下变成了金黄色，这头发长了整整一冬，难以梳理，但更好看了。邦比先生站在她身旁，金发碧眼，矮矮胖胖，两颊冻得通红，真像个活泼的

1927年海明威同第二任妻子波林·法伊芙在巴黎的合影

　　波林·法伊芙（Pauline Pfeiffer）1895年出生于美国帕克斯堡，大学毕业后在报社工作了一段时间，之后跳槽去了杂志社。她当过《名利场》杂志的编辑，在担任《时尚》杂志编辑时去了巴黎，由此结识了哈德莉，成为哈德莉的闺蜜，后来与海明威相爱，最终引起婚变。1927年，海明威同哈德莉离婚，与波林结婚。

福拉尔贝格孩子。

"噢，塔迪，"我把她搂在怀里时，她说，"你回来了，而且出去把事情办得那么成功。我爱你，我们非常想念你。"

我爱她，我不爱其他任何人，别人走后，我俩度过了美妙的时光。我写作很顺利，我们出去玩得那么痛快，我觉得我们又是不可分离的了。只是到了暮春时节，我们离开山区，回到巴黎以后，前面提到的那件事才再度开始。

巴黎早年生活到此为止。当年的巴黎一去不复返了，尽管巴黎始终是巴黎，你变了，巴黎也在变。我们没有再去福拉尔贝格，那些富人也再没去过。

巴黎的生活永远写不完，在巴黎住过的人的回忆也各不相同。不论我们怎么变或巴黎怎么变，也不论去巴黎有多困难或有多容易，我们出游之后总要返回巴黎。巴黎总是值得眷恋的，不管你带去什么都能得到酬报。不过，这里写的是早年我们还很贫穷，但很快乐时巴黎的情况。

译后记

　　理想是使青年人振奋的咖啡，回忆是使老年人沉醉的醇酒。1957年，将近六十岁的海明威也端起了这杯醇酒——多年来创作上的甘苦、身体的病痛、婚姻上的不幸使他深深地感到现实的严峻和痛苦，不禁沉浸到对巴黎、对自己青年时代的回忆之中去了……

　　巴黎代表了他的青春年华。1921年，海明威以《多伦多星报》驻欧记者的身份来到巴黎时，还是一个新婚燕尔的青年；1928年离开巴黎时，他已近"而立"之年，并已和第一任妻子哈德莉·理查森离婚。他无比珍惜在巴黎度过的七年时光：他在那里学习创作、练习拳击、欣赏名画、外出滑雪，他在那里过的是清苦而充实的生活；饥饿磨炼了他的意志，贫困增强了他的决心，而巴黎这个世界文化名城则为他提供了用武之地，使他得到艺术上的熏陶、文学上的砥砺，为以后的成功打下了坚实的基础。

巴黎代表了他的文学生涯的开端。初到巴黎时的记者工作使他得以广泛接触欧洲列国的社会各阶层，锻炼了他对生活的观察力，为他提供了丰富的生活素材。当记者，要写报道、印象记和发电讯，这使他的文笔更简洁有力。他放弃记者职业，专门从事文学创作以后，受格特鲁德·斯泰因等人的影响，力求文风简洁、质朴无华，渐渐形成了自己独特的"电报式"风格。就是在巴黎，他发表了长篇小说《太阳照常升起》，奠定了他作为"迷惘的一代"的旗手在文学上的地位。

巴黎代表了他与当时许多著名作家的友谊。通过舍伍德·安德森的介绍，海明威初到巴黎就结识了当时在巴黎很有影响的斯泰因，在她家的文艺沙龙里又和其他几位作家，如菲茨杰拉德、庞德、刘易斯都结下了友情。他们讨论文学和自己的作品，在创作上也互相影响。《流动的圣节》对这几位作家都有细致入微的刻画，虽然笔调近乎严厉，但勾勒的形象却是惊人的准确。海明威很重视作品的真实性，他不愿只写他人好的一面，不愿把人物美化。他曾说："作家的任务是把真相告诉人。他忠于真相的标准应当达到这样的高度：他根据自己的经验创作出来的作品应当比任何实际事物更加真实。"这部书对几位名作家的描写也是一个例证。

巴黎代表了他纯真的爱情。书中以留恋的笔调追忆他和第一任妻子哈德莉之间的爱，那简单而真实的对话、朴素的描写再现了他们在贫困中互相鼓励、互相支持的情景，即使当哈德莉犯了将他的手稿全部遗失这样可怕的过失时，他也没有责怪她，反而去安慰她，这是多么深厚的夫妻情谊啊。三十年后海明威写作本书的时候，他已结过四次婚，饱尝了感情破裂的痛苦。抚今追昔，他倍觉第一次婚姻的甜蜜和幸福，为自己爱上了"新来的富人"（即海明威的第二任妻子，《时尚》编辑波林·法伊芙），舍弃了这纯洁的爱而感到懊悔和内疚。

对巴黎的记忆是那样的美好，海明威写作本书时的现实又是那么严酷——他虽已功成名就，获得过普利策奖和诺贝尔文学奖，但两次飞机失事造成的残疾使他的健康状况恶化，创作的灵感也日渐枯竭，他绝望、彷徨，在这种情况下，每当他回想起巴黎，就联想到自己金色的青春，仿佛又度过一个愉快的节日。于是他动笔写下了这部回忆录，经过三十多次改动，将本书定名为《流动的圣节》，以纪念那节日般欢乐、令人神往的时光。

但是，他虽然定下了书名，整理出了打字稿，却未能将书付印。他去世后，他的妻子玛丽·海明威在一个箱子里发现了这份打字稿，她和出版商共同整理、编辑，于1964年将本书付印出版。由于这部回忆录的文笔极其生动、潇洒，也由于当时文学界的"海明威热"，这部书问世不久便跃居畅销书榜的首位，经久不衰。然而，玛丽·海明威在编辑过程中对本书原稿做的较大幅度的修改和删节也引起了一部分人的非议。有人认为玛丽·海明威的删改违背了作者的原意，要求考虑重新出一个忠实于原稿的版本。美国蒙大拿大学的盖里·布莱纳为此专门去了新开设的约翰·肯尼迪图书馆的海明威资料室查阅、分析了海明威亲笔写的本书原稿和打字稿。他得出结论说，玛丽·海明威对原稿做的增删中至少有两处修改、五处删节损害了作者的原意；她在原稿的十九章上又加进了一章，并改变了原来的章节顺序，从而挪动了原稿的重点和寓意。

也有人对布莱纳的观点持不同意见。据说某个研究海明威的学者正在著文反驳他的上述观点，不久就将发表。如何评价海明威的这部作品，是研究海明威生平和作品的一个重要课题。愿《流动的圣节》中译本的出版能对此起推动作用。

孙　强

1984年7月　北京

再版后记

今年九月初，我在北京公司的同事转给我一封来自浙江文艺出版社的邮件，说1985年该社出版过我翻译的《海明威回忆录》（原名《流动的圣节》），此书问世后在文学爱好者和青年读者中引起较大反响，至今在许多读书网站上，还能看到"铁粉"的留言，表示对该译本的喜爱。有读者表示自己在求学期间借阅过这本书，对自己的影响很大，只可惜后来市面上很难再找到。浙江文艺出版社希望联系上我，重新出版这个译本。

海明威是我最敬仰的作家之一。他生长在美国，第一次世界大战中赴意大利前线开救护车，受重伤后在疗养期间爱上了比他大七岁的女护士。他求婚成功，回美国正准备迎娶女护士时，突然接到她的来信，说她已经与一个意大利军官订婚。这对于一个还不到二十岁的初恋中的小伙子，不啻晴天霹雳，也为海明威未来的恋爱关系埋下了抢先抛弃女方的种子。

1921年，海明威赴巴黎担任加拿大《多伦多星报》的驻法记者，带上新婚的第一任妻子、长他八岁的哈德莉·理查森同行。在这个文学气氛浓郁的大都市，海明威遇见了一批才华横溢的艺术家和文学家，他们经常在一起聚会交流。每次邂逅这些"迷惘的一代"的才俊，海明威都会把自己的印象、看法和感受随手写在笔记本上。

1954年，海明威作为扬名天下的文豪重返巴黎。在丽姿酒店午餐时，酒店的董事长来看他，问他是否记得当年在丽姿寄存过LV为他定做的一个皮箱。箱子抬到海明威面前，打开一看，除了一些衣物、打猎和滑雪用具以外，还有他三十年前写下的笔记。海明威大喜过望，带回古巴后开始整理，花了三年时间写成书稿。他又几度修改，但因伤病缠身，未及最后定稿就在1961年自杀身亡。他的第四任妻子玛丽对此书稿进行梳理后，于1964年将其出版。虽然玛丽删除了海明威原稿中对他第一任妻子表示歉意的篇幅，但基本上保留了海明威的原作。此书不长，凸显海明威以简练的"电报式"笔锋犀利地勾描出他所邂逅的一些名人的行为和特征，读起来畅快淋漓。

1982年，我在北京外国语学院（后更名为北京外国语大学）读书，偶然在图书馆看到海明威的这本回忆录，读后爱不释手。我想，如果能把它翻译成中文，一来可以练习自己的英文理解，二来让不懂英文的国人也能读到此书，岂不是一箭双雕的好事？于是，我利用所有的课外时间，把这本书翻译了出来。那个年代，我们连打字机都没有，更不要说电脑了，全凭铅笔在格子纸上书写，初稿完成后再一丝不苟地誊抄到稿纸上，错了擦改。在翻译此书时，我奉行的原则是在忠实于原著的基础上，以流畅的中文把我能体会到的含义传递奉献给读者。我将誊好的译文手稿寄给浙江文艺出版社，得到了编辑的首肯，很快《海明威回忆录》得以出版。

同样出于对名著的热爱，我还在求学期间翻译出版了精简版的《马克·吐温自传》（*The Autobiography of Mark Twain*）、传记《莫扎特》（*Mozart*）、犹太作家艾萨克·辛格（Isaac Bolshevik Singer，诺贝尔文学奖得主）的小说《童爱》（*Shosha*）、叙述波兰钢琴家生涯的传记《肖邦》（*Chopin*）和介绍进化论的奠基人达尔文的传记小说《起源》（*Origin*）。传记《莫扎特》非常畅销，很快卖断货，编辑还转给我一封中国国家交响乐团一位小提琴手写的信，问我手头还有没有多余的书，因为他的同事们都非常喜欢。可惜的是，我翻译英国文学家萧伯纳的《艺术家之爱》（*Love Among the Artists*），只翻译了一半，因为我去联合国工作而搁置了下来，至今未能完成。

时过境迁，我离开翻译专业后进入了金融界，但对读书的偏爱始终未减，时常去图书馆浏览。有一次我在纽约哥伦比亚大学图书馆里找资料，居然在书架上看到我翻译的传记《莫扎特》，令我惊喜和自豪。

这也是我此时听说浙江文艺出版社时隔三十多年希望再次出版《海明威回忆录》（原名《流动的圣节》）时的心情。

希望看到再版译本的朋友们和1982年的我一样，喜欢这位作家和这本书。

孙　强

2017年10月28日于香港

图书在版编目(CIP)数据

流动的圣节 / (美)欧内斯特·海明威著;孙强译.—杭州:浙江文艺出版社,2018.6

(传记馆)

ISBN 978-7-5339-5193-1

Ⅰ.①流… Ⅱ.①欧… ②孙… Ⅲ.①海明威(Hemingway, Ernest 1899-1961)—回忆录 Ⅳ.①K837.125.6

中国版本图书馆CIP数据核字(2018)第018211号

责任编辑 朱 立
装帧设计 私书坊＿刘 俊
责任校对 许龙桃
责任印制 吴春娟

流动的圣节

[美]欧内斯特·海明威 著

孙 强 译

出 版 浙江文艺出版社
地 址 杭州市体育场路347号 邮编310006
网 址 www.zjwycbs.cn
经 销 浙江省新华书店集团有限公司
印 刷 杭州富春印务有限公司
开 本 850毫米×1168毫米 1/32
字 数 132千字
印 张 7.875
插 页 5
版 次 2018年6月第1版 2018年6月第1次印刷
书 号 ISBN 978-7-5339-5193-1
定 价 42.00元